E DE QUÊ? VOCÊ TEM SEDE DE

E DE QUÊ? VOCÊ TEM SEDE DE

VOCÊ TEM SEDE DE QUÊ?

entre a cervejinha e o alcoolismo

prevenção do uso abusivo de bebidas alcoólicas por adolescentes – possibilidades e limites

HILDA REGINA FERREIRA DALLA DÉA [ORG]
CLÁUDIA SILVEIRA TONDOWSKI
FERNANDA CARINA LISBOA CAMMAROTA
TATIANA BACIC OLIC
VALÉRIA YAHN HENRIKSSON
Colaboração Profa. JANETE ZALCSZTAJN

MUSA EDITORA
FAPESP

Biblioteca Aula
MUSA PSICOLOGIA
Série: Ferramentas para reflexão
Volume 2

Raquel Matsushita e Marina Mattos | CAPA E PROJETO GRÁFICO
Juliana Freitas | DIAGRAMAÇÃO
Equipe Musa | PREPARAÇÃO E REVISÃO

Dados Internacionais de Catalogação na Publicação (CIP)
(Câmara Brasileira do Livro, SP, Brasil)

Dalla Déa, Hilda Regina Ferreira
Você tem sede de quê?: entre a cervejinha e o alcoolismo, prevenção do uso abusivo de bebidas alcoólicas por adolescentes: possibilidades e limites / [autora e organizadora] Hilda Regina Ferreira Dalla Déa. – São Paulo: Musa Editora, 2007.
Várias colaboradoras.
Bibliografia

ISBN 978-85-85653-89-7

1. Álcool - Efeito fisiológico 2. Alcoolismo - Aspectos sociais 3. Alcoolismo - Prevenção 4. Cervejas 5. Drogas - Abuso - Prevenção 6. Juventude - Uso de álcool I. Título. II. Título: Entre a cervejinha e o alcoolismo, prevenção do uso abusivo de bebidas a.

07-2027 CDD-362.29260835

Índices para catálogo sistemático:
1. Adolescentes : Uso abusivo de bebidas alcoólicas : Prevenção e controle : Problemas sociais 362.29260835
2. Alcoolismo em adolescentes : Prevenção e controle : Problemas sociais 362.29260835

Impresso no Brasil, 2007.

MUSA EDITORA

Musa Editora Ltda.
Rua Cardoso de Almeida 985
05013-001 São Paulo SP
Tel/fax (5511) 3862 2586 / 3871 5580
musaeditora@uol.com.br
musacomercial@uol.com.br
www.musaambulante.com.br
www.musaeditora.com.br

AGRADECIMENTOS

À professora doutora Vera Maria Nigro de Souza Placco e seu grupo de pesquisa pelo incentivo ao projeto e pela parceria durante o trabalho na escola.

Às professoras Wilma Zednik e Regina de Fátima Carlucci, diretoras da E.E. Zuleika de Barros Martins Ferreira, pelo carinho com que acolheram o nosso projeto.

Às professoras Haydée Helaine Lopes P. Capua e Clotilde Frare Carvalho, coordenadoras do "Zuleika" por sua preciosa colaboração.

À professora Janete Zalcsztajn, pelo apoio logístico ao projeto.

Às professoras Gislene Soares da Silva, Leda Maria Sette Azevedo Pinto, Maria de Fátima Colli e Miriam Gugli Emeltti, pela participação em todas as fases do desenvolvimento do trabalho na escola.

À direção, professores e alunos da E.E. Godofredo Furtado e da E.E. Fernão Dias Paes, pela calorosa acolhida ao nosso grupo de pesquisa.

Aos psicólogos Debora Rubio dos Santos, Elcio Nogueira dos Santos, Erick Itakura, Gabriela Felix Teixeira, Juliana Rodrigues Venegas Herrera, Karla Vello Meyrelles, Lílian da Silva Loureiro, Mariana Kawazoe e Paula Sporleder da Silva, pelo entusiasmo e dedicação ao desenvolvimento do trabalho na escola.

À Profa. Dra. Maria Lúcia O. S. Formigoni por suas sempre oportunas sugestões ao texto final.

A Helena Albertani e à Profa. Dra. Beatriz Carlini pelas excelentes contribuições ao capítulo de políticas públicas.

À Comissão de Extensão da PUC-SP pelo apoio na fase de implantação do projeto.

À FAPESP pelo apoio financeiro ao projeto e pelo auxílio à publicação desta obra.

Aos alunos do "Zuleika", pelo muito que nos ensinaram sobre o papel do álcool no universo adolescente.

sumário

PREFÁCIO

O título provocativo ilustra bem a essência do livro: um convite à reflexão... Embora pela leitura agradável, possa ser lido rapidamente – recomendo que este "coquetel" de referências científicas, literárias, musicais e pessoais criado pelas autoras seja saboreado "em pequenos goles", para atingir plenamente seu objetivo: provocar questionamentos e mudanças de atitudes a respeito de um hábito tão antigo e arraigado no cotidiano: o uso de bebidas alcoólicas.

Desde a pré-história o ser humano tem encontrado no álcool uma substância capaz de saciar vários tipos de sede, entre elas a de fuga da realidade e dos problemas cotidianos. Graças às suas ações no sistema nervoso central, o álcool é uma droga que pode provocar prazer, euforia e reduzir a ansiedade, mas que também prejudica a capacidade de julgamento e a coordenação motora, além de produzir lesões em vários órgãos, inclusive no próprio cérebro. Como lidar com substância ao mesmo tempo tão sedutora e incentivada pela mídia, mas que também pode causar prejuízos irreparáveis se não utilizada com muita moderação? Como resistir aos efeitos agradáveis e à pressão social quando se é jovem e se tem a ilusão de que as conseqüências desastrosas de tal hábito só atingirão outras pessoas ou são apenas hipóteses sobre um futuro tão incerto quanto longínquo?

Dirigido a um público heterogêneo, este livro fornece informações básicas sobre os efeitos do álcool e discute alguns dos diferentes modelos de prevenção já propostos, testados e nem sempre aprovados. Mas, muito mais que informação, sua riqueza está na reflexão que pretende provocar em pais, educadores, formuladores de políticas públicas e principalmente nos jovens – principal alvo da experiência das autoras na implantação de uma proposta inovadora de prevenção participativa. Neste ponto se encontra sua maior originalidade: a coragem de expor uma experiência inédita, não tão bem sucedida quanto pretendiam suas autoras, mas que sem dúvida deve servir como ponto de partida para futuras tentativas.

Sua organizadora empresta a este livro algumas de suas características pessoais como inquietude, inconformismo e ousadia ao trilhar novos caminhos, com uma enorme vontade de atingir seus objetivos. As jovens autoras, entusiasmadas pela mestra, contribuem com diferentes olhares e experiências, na abordagem de uma questão tão antiga quanto preocupante: como evitar que jovens façam uso abusivo de álcool e se exponham aos problemas associados a esse hábito? Quebrar automatismos e tradições, resistir às pressões da mídia e do grupo social, fazer as próprias escolhas: como preparar os jovens para tarefa tão complexa? Como fazê-los perceber, sem cair nas armadilhas dos discursos amedrontadores ou piegas, que atitudes impensadas, mesmo que muito comuns e socialmente aceitas, podem ter conseqüências desastrosas? Como quebrar o pensamento mágico, que muitas vezes teima em freqüentar aquelas jovens cabeças, de que acidentes só acontecem com os outros? Como fazê-los perceber que só é de fato livre quem não precisa ingerir uma substância para se expressar e se sentir feliz?

E quanto aos adultos? Como lidar com questões tão delicadas, com firmeza, mas também com ternura? Como lidar com as próprias limitações e hábitos, já há tanto tempo arraigados no seu próprio cotidiano e meio social? Como remar contra a maré de influências da mídia e da sociedade sem ser tachado de chato, moralista ou careta – ou como conviver com isto em prol de uma real convicção e de uma opção saudável?

Não. O livro não fornece respostas a todas estas questões, mas nos leva a pensar sobre elas e muitas outras. E muito mais importante – nos incita à ação, seja como pais, educadores, formuladores de políticas públicas, formadores de opinião ou cidadãos.

Quem sabe faz a hora, não espera acontecer...
(Geraldo Vandré)

DRA. MARIA LUCIA O. S. FORMIGONI

Professora Associada Livre Docente e Chefe da Disciplina de Medicina e Sociologia do Abuso de Drogas do Departamento de Psicobiologia da Universidade Federal de São Paulo (Unifesp)
Fevereiro de 2007

APRESENTAÇÃO

Eram quase dez horas da manhã. Eu estava a menos de cem metros da sala onde minha aula deveria começar em cinco minutos, mas não conseguia chegar até lá. É que, às terças, há uma feira-livre na rua ao lado da universidade e o trânsito da região, que já é complicado, fica ainda pior.

Para me distrair, comecei a olhar em volta. De repente, percebi que a calçada em frente ao corredor das salas de aula estava diferente. Alguns bares, com mesinhas na calçada davam à rua um ar de beira de praia na manhã ensolarada daquela terça-feira. Estavam lotados de estudantes barulhentos que riam, conversavam e... *bebiam*!

Uma das mesas atraiu especialmente minha atenção. Estava literalmente forrada de garrafas vazias. Os jovens que haviam bebido aquelas cervejas – quantos seriam? – já tinham ido embora – para suas aulas? Só uma garota permanecia ali. Sentada, sozinha, olhando para o nada. E, pelo que pude perceber da janela do meu carro, completamente embriagada... Isso foi há quase dez anos, mas nunca mais esqueci o olhar daquela menina. Por causa dele comecei a me interessar por prevenção ao abuso de álcool e alcoolismo.

Pesquisando a literatura sobre o tema, tomei conhecimento do programa desenvolvido pelo Dr. G. Alan Marlatt e colaboradores, na Universidade de Washington, Seattle para estudantes universitários. Soube que ele viria ao Brasil, dar um curso sobre o BASICS (Brief Alcohol Screening and Intervention for College Students) na Unesp de Botucatu* e passei quase uma semana nessa cidade, conhecendo o BASICS mais detalhadamente. Empolguei-me com a abordagem de redução de danos e a possibilidade de adaptar um programa desse tipo à nossa realidade.

Acabei fazendo uma série de ensaios, nos quais aplicava os princípios de redução de danos a diversas situações. Inicialmente, desenvolvia atividades de sala de aula com minhas turmas de primeiro e segundo ano do curso de Psicologia. Os alunos trabalhavam com seus próprios hábitos de consumo de bebidas alcoólicas para aprender como o álcool exerce seus efeitos. Testei essas atividades em vários formatos. Alguns funcionavam bem. Outros, nem tanto.

Paralelamente, coordenava o programa de Aprimoramento Clínico "O psicólogo e a pre-

---

*. Universidade Estadual Paulista, Campus de Botucatu

venção ao abuso de álcool e outras drogas", na Clínica Psicológica Ana Maria Poppovic, da PUC-SP. O principal objetivo desse programa era desenvolver, com os psicólogos-aprimorandos, ações preventivas ao uso abusivo de álcool e outras drogas voltadas para a população de universitários. Nessa etapa criamos as "Oficinas de Álcool", atividades de cerca de oito horas, inicialmente desenvolvidas com os estudantes de Psicologia e depois oferecidas a toda a comunidade universitária.

Mas, embora o trabalho fosse interessante e desafiador, uma coisa ia ficando cada vez mais clara: os problemas com o álcool surgem bem antes da entrada na universidade, embora se evidenciem mais claramente nesse momento. Então, começamos – os aprimorandos e eu – a considerar seriamente a possibilidade de trabalhar com estudantes do ensino médio de uma escola pública.

Aos poucos, a idéia ia amadurecendo. Até que decidi propor à Comissão de Extensão da PUC-SP o projeto: *Entre a cervejinha e o alcoolismo – uma intervenção preventiva para a redução dos danos associados ao uso de álcool por adolescentes.* O projeto iniciou-se em 2003 e contou com o apoio da Fundação de Amparo à Pesquisa do Estado de São Paulo – FAPESP. Seu objetivo era desenvolver, em parceria com os educadores de uma escola pública, um programa de redução dos danos associados ao abuso de álcool inspirado nos princípios e na metodologia do BASICS. Um programa que pudesse ser viável em nossa realidade, levando em conta nossas características culturais e a disponibilidade de recursos humanos e materiais das escolas brasileiras.

Várias pessoas acompanharam-me nessa jornada – alunos do curso de Psicologia, ex-alunos e ex-aprimorandos. Foram quase quatro anos de atuação na escola. Ao longo desse tempo, a equipe sofreu várias modificações e, hoje, é composta por Cláudia, Fernanda, Tatiana e Valéria, companheiras nessa busca de respostas criativas e inovadoras ao grande desafio representado pelo abuso de álcool na adolescência. Este livro é fruto dessa experiência. Surgiu de nosso desejo de compartilhá-la com todos aqueles que se preocupam com esse grave problema de saúde pública em nosso país.

HILDA REGINA FERREIRA DALLA DÉA

Dezembro de 2006.

11. ÁLCOOL

Você tem sede de quê?

FERNANDA CARINA LISBOA CAMMAROTA

Faminto, o homem sai da caverna em busca de alimento. Depois de muito tempo encontra, debaixo de uma árvore, algumas frutas. Estão maduras demais, em pleno processo de fermentação mas, exausto, o homem devora-as mesmo assim. Além de saciar a fome e a sede, esse nosso antepassado longínquo sente-se mais leve, mais solto, mais ousado... Estava descoberto o álcool!

A cena é mera especulação, mas o fato incontestável é que o álcool foi descoberto muito cedo na história da humanidade e está presente em praticamente todas as culturas humanas conhecidas. Os registros mais antigos do consumo de bebidas alcoólicas remontam a 6.000 anos a.C. O tema é abordado pelas mais diversas áreas do conhecimento e sempre esteve presente nas diferentes formas de arte, como a música, a pintura, a literatura e o cinema.

Mas, por que as pessoas bebem? E por que, enquanto a maioria das pessoas bebe moderadamente, algumas passam a beber em excesso, muitas vezes comprometendo aspectos importantes de sua vida, como a saúde, o relacionamento familiar e o trabalho? Várias pesquisas foram realizadas em busca dessas respostas.

Essas pesquisas têm levado ao desenvolvimento de teorias que apontam a influência de fatores biológicos, psicológicos e socioculturais sobre o hábito de beber. Mas, existem divergências sobre a importância relativa de cada um deles. Algumas teorias apontam o fator genético como o grande responsável pelo consumo abusivo de bebidas alcoólicas. Outras sugerem que os indivíduos buscam o álcool como substituto de necessidades infantis inconscientes, como acolhimento, proteção e aceitação. Outras ainda consideram fatores do ambiente como os principais desencadeantes da busca pelo álcool.

Recentemente alguns cientistas começaram a explorar a idéia de que a explicação esteja no passado evolutivo remoto de nossa espécie. Segundo esses pesquisadores, os primatas ancestrais do *Homo sapiens* eram altamente dependentes de frutas, que amadurecem rapidamente nos trópicos. Essa teoria sugere que eles desenvolveram uma forte atração pelo álcool, que ocorre naturalmente nas frutas bem maduras. Essa predileção teria sido passada para os seres humanos. E os coquetéis de frutas? Corresponderiam a uma atração ancestral por essa mistura de álcool e frutas?

Para Robert Dudley[1], assim como a atração de nossos ancestrais pelo açúcar e alimentos de alto teor calórico resultou em problemas atuais de saúde, como a obesidade e o diabetes, a atração de nossos antepassados pelo etanol[2] poderia explicar o atual consumo excessivo de álcool.

A literatura científica é farta em relatos de animais bêbados, "Há porcos selvagens bêbados, aves bêbadas", "elefantes que ficam bêbados e arrasam aldeias", diz Katharine Milton, uma primatologista de Berkeley. Sem dúvida, a hipótese da atração ancestral é, no mínimo, intrigante. Mas, até agora há poucas evidências que a apóiem e, curiosamente, há poucos relatos de macacos bêbados na literatura. Mas, como diz Milton: "Nos macacos não existe nada parecido com a consciência humana. Os seres humanos talvez sejam os únicos animais que desejam escapar de sua própria consciência".

Em função do efeito desinibidor do etanol, o consumo de bebidas alcoólicas está fortemente associado a situações de convívio social como festas e comemorações. Como brindar a uma conquista sem álcool? E as campanhas publicitárias reforçam ainda mais esse vínculo com a alegria, a felicidade, o prazer. Propagandas de cerveja com mulheres lindas, paisagens paradisíacas, jovens em cenas descontraídas, de pura diversão e liberdade – tudo isso estimula o consumo de bebidas alcoólicas, que vem crescendo acentuadamente, em especial entre os jovens e as mulheres.

Entretanto, seu consumo abusivo pode trazer inúmeros prejuízos pessoais e sociais, a ponto de se constituir em um sério problema de saúde pública, que demanda um trabalho preventivo intenso e duradouro.

PREVENÇÃO, UM POUCO DA HISTÓRIA

No final do século XIX tomou força, nos Estados Unidos, o "Movimento de Temperança", um dos movimentos de massa de maior vigor da época. A ideologia da temperança colocava o álcool e seus consumidores como "o bode ex-

1. Fisiologista da Universidade da Califórnia.
2. O mesmo que álcool etílico ou, popularmente, álcool.

piatório" dos problemas sociais e econômicos da sociedade americana da época e a abstinência, como sua grande solução.

Em 1920, logo após a Primeira Guerra Mundial, o congresso americano aprovou uma lei que proibia a venda e fabricação de bebidas alcoólicas em todos os estados americanos – a "Lei Seca". Acreditava-se que, dessa maneira, os problemas associados ao consumo de álcool desapareceriam, mas não foi isso o que aconteceu. A campanha teve resultado positivo na população abstêmia ou de baixo risco e quase nenhum efeito sobre aqueles que realmente apresentavam problemas com a bebida. Além disso, estimulou a venda ilegal de bebidas alcoólicas, intimamente associada ao crime organizado.

O alcoolismo era visto como um defeito moral e, somente a partir de 1960, passou a ser considerado uma doença. Desde então, foram desenvolvidas inúmeras campanhas buscando sua prevenção. Apesar disso, nos últimos anos, o consumo mundial de bebidas alcoólicas vem aumentando e a iniciação ao uso de álcool vem ocorrendo cada vez mais cedo, e de forma cada vez mais intensa.

Isso acontece porque, geralmente, as pessoas não reconhecem o uso abusivo de álcool como um problema, e só assumem que têm problemas com a bebida quando a dependência já está plenamente instalada. Assim, a prevenção ao abuso de álcool e ao alcoolismo é uma tarefa árdua, porém imprescindível.

O QUE SERÁ QUE O JOVEM PROCURA QUANDO BEBE?

De 2003 a 2006, a equipe de psicólogos do projeto "*Entre a cervejinha e o alcoolismo*", desenvolveu um programa preventivo em parceria com algumas escolas públicas da cidade de São Paulo. Seu objetivo era oferecer aos estudantes do Ensino Médio um conjunto de atividades que visavam à redução dos danos associados ao abuso de bebidas alcoólicas por essa população. A idéia era construir um programa de redução de danos que levasse em conta, não só nossos aspectos culturais, mas também a pequena disponibilidade de recursos humanos e materiais das escolas brasileiras. O trabalho consistiu, primeiramente, numa pesquisa do padrão de ingestão de bebidas alcoólicas pelos jovens, para, posteriormente, criar um espaço de reflexão e conscientização sobre o uso e o abuso de álcool.

Trabalhar a temática das drogas nessa faixa etária é de extrema relevância, uma vez que a iniciação ao uso de substâncias é basicamente um fenômeno da adolescência, fase em que ocorrem grandes mudanças físicas e psicológicas. As mudanças físicas decorrem de profundas alterações no equilíbrio hormonal, que repercutem em todo o organismo. As mudanças psicológicas envolvem essencialmente o processo de construção da própria identidade e a concomitante busca de autonomia e independência. Assim, nessa fase, o jovem fica mais suscetível aos "encantos" do álcool e de outras drogas, e mais sensível a pressões diretas ou indiretas do grupo de amigos.

Atualmente, no Brasil, como em muitos outros países, o abuso de álcool por adolescentes e adultos jovens configura-se como um grave problema social e de saúde pública. Além dos prejuízos imediatos associados a esse comportamento – como o baixo desempenho escolar, problemas de relacionamento, comportamentos sexuais de risco e violência – o uso abusivo de álcool nessa faixa etária aumenta sensivelmente o risco de alcoolismo.

Durante o desenvolvimento do projeto, um dos aspectos que mais chamaram nossa atenção envolve o significado que o jovem atribui ao álcool. Quando conversamos com os estudantes a esse respeito, observamos claramente que eles associam muitas expectativas positivas aos efeitos do álcool, percebido como um facilitador e até mesmo um mediador de suas relações.

A questão das expectativas positivas vinculadas aos efeitos do álcool é de extrema importância, já que elas exercem influência significativa no início e na manutenção do consumo de bebidas alcoólicas. Essas expectativas podem ser geradas de diversas maneiras – por experiência direta ou indireta com a bebida, por meio de modelos parentais, através da mídia etc.

OS EFEITOS PROVOCADOS PELO ÁLCOOL

Todos sabem que o álcool propicia sensações prazerosas. Mas, o que nem todos reconhecem, é que a bebida também pode trazer sensações muito desagradáveis. Por seu efeito bifásico, o álcool produz inicialmente uma desinibição. Mas, em altas doses, esse efeito desinibidor inicial pode ser substituído por uma lentidão das funções cognitivas e mentais. Isto ocorre porque, quando se trata de álcool, a *regra não* é quanto mais, melhor.

Além disso, é sabido que, para cada indivíduo, o álcool propicia sensações diferentes, uma vez que sua absorção e metabolização dependem de diversos fatores. Assim,

> "... o álcool pode transformar aquele que bebe num indivíduo sociável, falador, taciturno, deprimido, alegre, chorão, adormecido, insolente, destruidor, desinibido, bêbado ou em estado de coma. Tudo depende de quem bebe, onde bebe e em que quantidade bebe."
>
> NOWLIS,1975

Apesar das sensações de desprazer que o álcool pode proporcionar, raramente encontramos jovens que atentem para esses aspectos "negativos" relacionados ao consumo de bebidas alcoólicas. Diversos fatores acabam por obscurecer o desconforto decorrente da ingestão de doses elevadas de álcool.

Quando conversamos com os jovens, procurando compreender o lugar ocupado pelo álcool em seu cotidiano, eles próprios passam a perceber que muitos dos efeitos que relatam estão, na realidade, mais associados ao que eles *esperam* da bebida, do que aos efeitos farmacológicos do próprio álcool. Mas, mesmo tendo consciência de que os efeitos estão vinculados às suas próprias expectativas, o consumo de bebidas alcoólicas continua ocupando um lugar importante na vida afetiva e social desses jovens.

A busca pela bebida simboliza a busca pela liberdade, pela descontração, pelo prazer, pela sensação de pertencer a um grupo. A tentativa de esquecer os problemas – *mesmo que seja por uma noite apenas.* E ainda, o álcool passa a ser um suporte, caso as coisas não saiam como planejado. Não é incomum um jovem dizer que fez bobagens na balada porque estava embriagado – o que acaba sendo mais fácil para ele do que se responsabilizar por seus atos, como, por exemplo, dirigir embriagado, fazer sexo sem proteção, entrar em brigas etc.

FARMACOLÓGICOS OU PSICOLÓGICOS?

Diversos estudos desenvolvidos nos anos setenta e oitenta[3] avaliaram em que medida os efeitos que uma pessoa sente após ter ingerido álcool são de natureza psicológica ou farmacológica e em que medida sua expectativa em relação à bebida interfere nesses efeitos.

Estudantes universitários (homens e mulheres) foram divididos em quatro grupos: o primeiro foi informado de que receberia bebidas alcoólicas e realmente as recebeu; o segundo foi informado de que não receberia bebida alcoólica, mas recebeu; um terceiro grupo foi informado que receberia bebidas alcoólicas, mas recebeu placebo. E um último grupo foi informado que não receberia bebidas alcoólicas e recebeu placebo.

Em linhas gerais, o resultado foi o seguinte: tanto os homens quanto as mulheres sentiram um efeito de desinibição decorrente da *crença* de terem consumido álcool, independentemente do fato de terem realmente bebido ou não. O estudo demonstra que muitos dos efeitos do consumo de bebidas alcoólicas

3. Marlatt, G.A. Cognitive Processes in alcohol use: expectancy and the balanced placebo design. In:: Mello, N. K. *Advances in substance abuse*, 1980. V1: 159-99.

resultam mais de nossas expectativas em relação aos efeitos do álcool, do que das propriedades farmacológicas da bebida ingerida. Além das expectativas positivas sobre o álcool, outro aspecto que contribui para o aumento do consumo de bebidas alcoólicas é o início cada vez mais precoce desse consumo. O quinto levantamento nacional brasileiro sobre o consumo de drogas entre estudantes aponta que 41,2% dos alunos entre 10 e 12 anos já haviam consumindo bebidas alcoólicas, pelo menos uma vez na vida. Falar em uso na vida é relevante, pois muitas vezes essa experimentação acontece dentro de casa e é comumente estimulada pelos próprios pais.

Uma oferta imensa, campanhas publicitárias milionárias, a vinculação do consumo de bebidas alcoólicas a expectativas altamente positivas e a grande aceitação social do ato de beber constituem o pano de fundo para o nosso maior desafio: **proporcionar aos jovens um espaço de reflexão crítica, para que tomem suas próprias decisões, com plena consciência dos riscos diretos ou indiretos a que se expõem ao beber excessivamente.**

Nossa proposta não tem por objetivo a abstinência do uso de álcool – embora saibamos que esta é a única forma do indivíduo não correr nenhum risco. Pretende, essencialmente, criar um espaço de conhecimento individual e grupal, no qual o jovem possa pensar a sua relação com a bebida e compartilhar suas dúvidas e inquietações.

BIBLIOGRAFIA

GALDURÓZ, J. C.; NOTO, A. R.; CARLINI, E. A. V *Levantamento Nacional sobre o consumo de drogas psicotrópicas entre estudantes do ensino fundamental e médio da rede pública de ensino nas 27 capitais brasileiras* – 2004 – Centro Brasileiro de Informações sobre Drogas Psicotrópicas – Departamento de Psicobiologia da Escola Paulista de Medicina – Universidade Federal de São Paulo, 2005.

NOWLIS, H. *A verdade sobre as drogas*. Tradução Adrienne Macedo. Rio de Janeiro: IBECC/-UERJ, 1975.

YOON, C. K. *De onde vem a atração humana pelo álcool?*

Disponível no site: http://www.propagandasembebida.org.br/artigos/

O álcool e suas armadilhas

FERNANDA CARINA LISBOA CAMMAROTA
HILDA REGINA FERREIRA DALLA DÉA

Beber é um dos costumes mais antigos da humanidade. Em quase todas as culturas humanas existem tradições que envolvem o consumo de bebidas alcoólicas e em algumas comunidades, o uso de substâncias psicoativas[4] marca o início de uma nova etapa da vida. Na Grécia antiga, a colheita da uva era celebrada com festas voluptuosas para agradecer a Baco, o deus do vinho, a chegada da bebida. Esse ritual representava não só uma forma de entrar em contato com o mundo dos deuses, mas também uma possibilidade de fugir da dor e do sofrimento cotidiano.

Por seu baixo custo, facilidade de compra e sua alta disponibilidade em relação às demais drogas, depois da cafeína o álcool é a droga mais utilizada em todo o mundo .

FERMENTADO OU DESTILADO?

O álcool é obtido através da fermentação da glicose contida em cereais, frutas ou raízes. As bebidas fermentadas, como o vinho e a cerveja, foram as primeiras bebidas alcoólicas consumidas pelo homem. Sua produção ocorre há cerca de 6.000 anos.

---

4. Substâncias que afetam os processos mentais. No seu sentido mais geral, o termo tem o mesmo significado de psicotrópicos (Glossário de álcool e drogas).

O processo de fermentação consiste na transformação da glicose em álcool, pela reação chamada de Gay Lussac[5]. Como altas concentrações de álcool inibem o processo de fermentação, o teor alcoólico das bebidas fermentadas é de, no máximo, quinze ou dezesseis por cento.

Com a descoberta do processo de destilação, surgiram bebidas com teor alcoólico mais elevado – os destilados, como a pinga, o uísque e a vodca. Esse processo consiste em separar o álcool das substâncias fermentadas que o contém, com a utilização de calor. A destilação transforma líquidos de baixo teor alcoólico em líquidos com concentração alcoólica mais elevada. A Tabela 1 mostra o teor alcoólico de algumas bebidas.

TIPO DE BEBIDA	TEOR ALCOÓLICO (%)
Chope, cerveja	5
Ice	5,5
Vinho	12
Vinhos fortificados	18
Uísque, cachaça, tequila, vodka	40
Licores	40

Tabela 1. Teor alcoólico médio de diferentes tipos de bebidas.

AFRODISÍACO?

Existem muitos mitos envolvendo o consumo de bebidas. Um dos mais conhecidos é o de que a bebida alcoólica melhora o desempenho sexual. De fato, em doses moderadas, o álcool produz uma desinibição geral, inclusive na área da sexualidade. Mas, seu consumo excessivo pode interferir na relação sexual, dificultando a ereção e a chegada ao orgasmo. Shakespeare ilustra bem esse efeito no seguinte diálogo:

> Macduff: Quais as três coisas que beber especialmente provoca?
> Porter: Nariz vermelho, sono e urina. Luxúria, senhor, ele provoca e não provoca; provoca o desejo, mas impede o desempenho.
>
> In: *Macbeth*, WILLIAM SHAKESPEARE.

5. Famoso químico francês. Seu nome foi dado à escala utilizada para indicar o teor alcoólico das bebidas (GL).

CAFÉ AMARGO OU BANHO GELADO?

Outro mito muito conhecido é o de que um café amargo ou um banho gelado acelera a desintoxicação, fazendo com que a pessoa fique sóbria mais depressa. Ledo engano! Na verdade, o organismo humano metaboliza o álcool a uma velocidade constante de aproximadamente uma dose (13,6 g de álcool puro) por hora e nada do que se faça pode acelerar esse processo. A sensação de estar mais desperto é devida ao efeito estimulante do café ou à descarga de adrenalina produzida pelo banho gelado. Além, é claro, do efeito de auto-sugestão. Mas, tanto os reflexos quanto a capacidade de avaliação da situação continuam comprometidos.

BEBIDA ALIMENTA E AQUECE?

De fato, o álcool contém calorias. Mas, são as chamadas "calorias vazias", que não vêm acompanhadas de proteínas e vitaminas, destruídas pelos processos de fabricação das bebidas alcoólicas. Por conta dessas calorias, a bebida produz uma sensação de saciedade, que faz com que a pessoa reduza a quantidade de alimentos nutritivos que ingere. Assim, o alcoolista[6] freqüentemente tem problemas nutricionais, como deficiência protéica e carência de vitaminas, especialmente as do complexo B.

No inverno, muita gente bebe para se aquecer. Quando faz muito frio, nosso corpo precisa economizar calor. Por isso ficamos mais pálidos – há uma constrição dos vasos sanguíneos da periferia do corpo para garantir o aquecimento das partes vitais, cujo funcionamento normal depende da temperatura.

A sensação momentânea de calor produzida por uma dose de conhaque, por exemplo, deve-se a uma dilatação dos vasos sanguíneos periféricos e essa dilatação aumenta a perda de calor para o ambiente. Em situações de frio extremo, apesar da sensação agradável de aquecimento que produz, na realidade, o álcool acelera a perda de calor para o ambiente. *A bebida é um mau alimento e um péssimo cobertor.*

> "Ou seja, aquele lendário cão são-bernardo, que atravessa as regiões geladas dos Alpes, carregando um barrilzinho de conhaque para socorrer os viajantes perdidos no frio só terá sucesso se, atrás dele vier o dono, que carrega o enregelado para dentro de um chalé bem quentinho e lhe oferece uma xícara de chocolate fumegante.."
>
> LÍDIA ARATANGY

6. O termo refere-se à pessoa dependente de álcool. Atualmente é utilizado em substituição a alcoólatra.

COMO O ÁLCOOL PRODUZ SEUS EFEITOS

O álcool começa a ser absorvido ainda no estômago – por isso, seu efeito é mais rápido quando se bebe com o estômago vazio. Caindo na circulação, chega rapidamente ao cérebro, onde exerce sua ação. Em baixas doses, o efeito do álcool é estimulante – a pessoa fica mais falante, menos tímida, mais animada. Mas, com o aumento da concentração de álcool no sangue, aparecem claramente seus efeitos depressores[7]. Vem o sono e, em concentrações mais altas, a anestesia, o coma e, com o aumento ainda maior da concentração de álcool no sangue (CAS), pode ocorrer a morte por depressão dos centros nervosos responsáveis pela respiração.

Daí o perigo daquelas brincadeiras com bebidas, nas quais há competição para ver quem bebe mais e mais depressa. Nessas situações, a CAS sobe muito rapidamente, atingindo níveis perigosos, sem dar tempo para o fígado metabolizar o álcool ingerido.

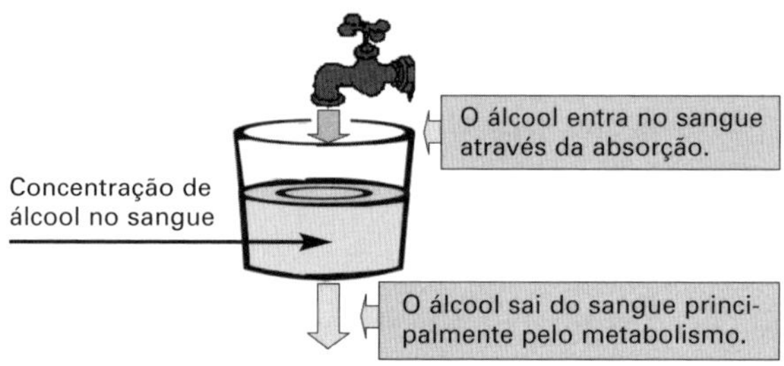

Figura 1. A concentração de álcool no sangue depende da relação entre a quantidade de álcool que entra (pela absorção) e que sai (pelo metabolismo).

Cerca de 90% do álcool é quimicamente transformado no fígado. Somente 10% são expelidos através do suor, do ar expirado ou da urina. O fígado humano sadio metaboliza o álcool a uma velocidade constante de aproximadamente 13,6 g/hora. Portanto, a concentração de álcool no sangue depende diretamente da velocidade de sua absorção. Esta, por sua vez, é influenciada por diversos fatores como, por exemplo, a concentração de álcool na bebida ingerida, a presença ou não de alimentos no estômago, a rapidez com que a pessoa bebe, entre outros.

7. Drogas depressoras são aquelas que reduzem a atividade do sistema nervoso central.

A CAS também é influenciada por características fisiológicas, que diferem entre os indivíduos, como o volume de água no organismo, o peso e a concentração de hormônios. Os efeitos do álcool são afetados ainda pelo estado de saúde, por fatores emocionais e psicossociais.

O DESENVOLVIMENTO DA TOLERÂNCIA

Com o uso constante de bebidas alcoólicas, o indivíduo começa a desenvolver tolerância, ou seja, são necessárias doses maiores de álcool para conseguir os efeitos inicialmente obtidos com doses mais baixas. E, à medida que se aumenta o consumo para contrabalançar esse efeito, aumenta ainda mais a tolerância. A Tabela 2 mostra os efeitos médios das diferentes concentrações sanguíneas em pessoas que não desenvolveram tolerância ao álcool.

CAS (EM %)	EFEITOS MÉDIOS EM PESSOAS SEM TOLERÂNCIA
0,02-0,03	Leve euforia e perda da timidez
0,04-0,05	Relaxamento, pequeno comprometimento da razão e memória.
0,06	Julgamento um pouco prejudicado. Dificuldade em tomar decisões racionais. CONSIDERADO LEGALMENTE INTOXICADO NO BRASIL
0,07-0,09	Euforia, pequeno comprometimento do equilíbrio, fala, audição, visão e tempo de reação. Redução da crítica e do autocontrole. Comprometimento da coordenação muscular. Fala ininteligível e risco de náuseas.
0,10-0,12	Deterioração evidente dos reflexos e do controle. Perda de julgamento. Comprometimento do equilíbrio, visão, audição e percepção temporal.
0,13-0,15	Redução da euforia. Ansiedade, excitação e depressão. Grande comprometimento motor. Risco de "apagamentos". Falta de controle físico, visão embaçada, grande perda do equilíbrio.
0,16-0,24	Disforia predominante. Náuseas. Embriaguez.
0,25-0,29	Disforia, confusão mental total. Grande descoordenação motora. Náuseas. Vômitos.
0,30-0,39	Perda da consciência.
0,40 ou mais	Coma. Possível morte por parada respiratória.

Tabela 2: Efeitos médios das diferentes concentrações sanguíneas de álcool.

BEBER SOCIAL E ABUSO DE ÁLCOOL

O consumo de álcool não constitui necessariamente um fator de risco. Há diversas formas de consumo, que implicam diferentes maneiras de se relacionar com as bebidas alcoólicas. A maior parte da população consome bebidas alcoólicas pelo menos uma vez na vida. Mas, uma minoria – no Brasil, cerca de 12,3%[8] da população entre 12 e 65 anos, desenvolve dependência do álcool. Como mostra a Figura 2, quanto mais intenso for o consumo de álcool, maiores serão os problemas decorrentes dele. Outro aspecto importante representado na figura, é que a maior parte da população faz um consumo de baixo risco e, à medida que aumenta a intensidade do consumo, diminui o número de indivíduos envolvidos.

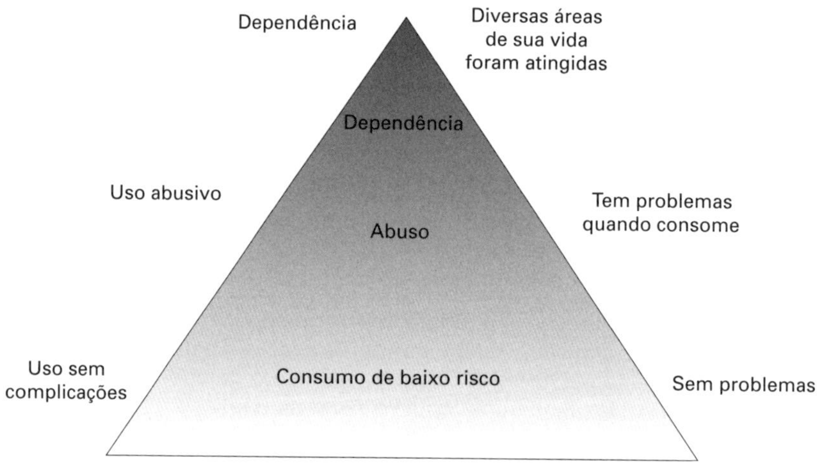

Figura 2. Do consumo de baixo risco à dependência[9].

Mas, onde termina o beber social e começa o abuso? Fala-se em *abuso* ou *uso nocivo* quando o consumo de álcool já acarreta prejuízos individuais e/ou sociais.

Embora chame menos atenção do que o alcoolismo, o uso nocivo de álcool é responsável por uma parcela significativa dos prejuízos sociais ocasionados por essa substância. Só nos Estados Unidos, 100.000 mortes por ano são causadas pelo abuso de álcool.

8. De acordo com o Segundo Levantamento Domiciliar sobre o Uso de Drogas Psicotrópicas no Brasil, 2005.
9. Extraído de Site Álcool e Drogas sem Distorção (www.einstein.br/alcooledrogas)

Beber até se embriagar ou "*tomar um porre*" é um comportamento particularmente nocivo – o chamado "*binge drinking*" ou uso pesado episódico. Em função da rápida elevação da CAS, esse padrão de consumo produz déficits cognitivos agudos e está associado a uma parcela expressiva das mortes relacionadas ao uso abusivo de álcool. O uso episódico pesado é definido como o consumo de cinco ou mais doses[10] de álcool numa mesma ocasião (quatro para mulheres).

Esse padrão de consumo é especialmente freqüente em jovens, e segundo algumas pesquisas, vem apresentando crescimento. O uso pesado episódico está fortemente relacionado a dirigir sob o efeito do álcool, homicídios, assédio e violência sexual, abuso infantil, gravidez indesejada, síndrome fetal pelo álcool e queda na produtividade.

Particularmente preocupante é o crescimento desse padrão de consumo entre adolescentes e mulheres jovens. Por razões de ordem fisiológica – diferenças constitucionais, de metabolismo e hormonais – o organismo da mulher é mais sensível aos efeitos do álcool do que o do homem. Em conseqüência dessas diferenças, tanto os danos orgânicos quanto a dependência aparecem, nas mulheres, em aproximadamente a metade do tempo que levam para surgir nos homens.

O QUE É BEBER SOCIALMENTE

Em seu sentido literal, "*beber socialmente*" significa beber dentro dos padrões sociais aceitáveis e tem praticamente o mesmo sentido de "*beber moderado*". Porém, ambas as expressões são pouco precisas – o que é socialmente aceitável numa *rave* pode não o ser numa ocasião mais formal. Assim, no "*Aprecie com moderação*" das campanhas publicitárias de bebidas, o "*aprecie*" tem um sentido muito mais preciso do que o "*com moderação*".

Uma definição possível baseia-se na evidência fenomenológica: "*beber moderado é o nível seguro de consumo de álcool, abaixo do qual o ato de beber não está fortemente associado aos seus efeitos negativos*" (Mary C. Dufour, NIAAA, 1999)[11].

QUANDO COMEÇA O ALCOOLISMO

Ninguém se transforma em alcoolista de um dia para o outro. A dependência de álcool vai se desenvolvendo lenta e gradualmente. Primeiro é o beber social, apenas

10. Uma dose de álcool corresponde, aproximadamente, a uma lata de cerveja (350ml), uma taça de vinho, uma dose de destilado ou um coquetel.
11. In: Site Álcool e Drogas sem Distorção (www.einstein.br/alcooledrogas)

em festas e reuniões. Depois, o *happy hour* com os amigos no final do expediente – ou das aulas. Uma vez por semana, depois duas, três.. E o final de semana começa cada vez mais cedo – primeiro na sexta-feira, depois na quinta, na quarta. Impossível saber o momento exato em que começa a dependência. Mas existem sinais e sintomas que indicam que ela está se instalando. Um dos primeiros a aparecer é a *tolerância*, sinal de que o cérebro já se adaptou à presença da droga. Ser "forte" para a bebida é, para muitos, motivo de orgulho. Deveria ser de preocupação.

Aos poucos, beber vai se tornando mais importante do que fazer coisas anteriormente valorizadas, como conviver com a família, conversar com um amigo, namorar. Não importa mais onde ou quando. Agora é uma necessidade. Não se bebe mais para relaxar, para ficar solto, bater um papo ou curtir melhor uma música. É a *compulsão*.

Bebe-se para aliviar o frio. Ou o calor. Para aliviar a fome. Ou a sede. Não há mais controle sobre o momento ou a situação de beber. Nem sobre a quantidade de bebida – só mais uma, a saideira... E mais uma, e mais... *Perde-se o controle* sobre a quantidade de álcool ingerida.

Na verdade, bebe-se para aliviar os sintomas da falta de álcool, da *abstinência* – mais um sinal de que o cérebro adaptou-se à presença do álcool, e agora precisa dele para funcionar normalmente. Não há mais possibilidade de controle – bebe-se pelo *desejo irresistível de beber*.

O quadro na página 29 mostra os critérios de dependência de substâncias, segundo a Classificação Estatística Internacional de Doenças e Problemas Relacionados à Saúde – CID-10 – da Organização Mundial de Saúde (OMS). Essa classificação possibilita a identificação de níveis de gravidade da dependência de substâncias, de acordo com o número de critérios preenchidos.

É freqüente a ocorrência de "*blackouts*" durante a intoxicação alcoólica. *Black-out* é uma alteração de memória na qual a pessoa não consegue se lembrar do que fez, ou do que ocorreu. Esses "*apagões*" geralmente ocorrem quando a pessoa consome grandes quantidades de bebida. Não significam necessariamente que ela seja dependente de álcool, mas sinalizam a existência de problemas decorrentes do uso dessa substância – o uso abusivo.

A abstinência é uma reação do organismo à privação de álcool. Os sintomas da abstinência incluem tremores, taquicardia, febre, inquietação, náusea, vômitos, diarréia, sudorese, aumento da pressão sanguínea, ansiedade, cefaléia, prejuízo da concentração, da memória e do julgamento. Em alguns casos (cerca de 5%), o quadro pode ser acompanhado pelo *delirium tremens*, caracterizado pelo rebaixamento do nível de consciência, desorientação, alucinações visuais e táteis, convulsões e grande confusão mental. É comum o aparecimento de delírios de cunho persecutório, o que leva o paciente a ficar agitado e, por vezes, agressivo.

CRITÉRIOS DE DEPENDÊNCIA DE SUBSTÂNCIAS SEGUNDO A CID 10

Presença de três ou mais dos seguintes sintomas em qualquer momento durante o ano anterior:

1. Um desejo forte ou compulsivo para consumir a substância;
2. Dificuldades para controlar o comportamento de consumo da substância em termos de seu início, fim ou níveis de consumo;
3. Estado de abstinência fisiológica quando o consumo é suspenso ou reduzido, evidenciado por: síndrome de abstinência característica; ou consumo da mesma substância (ou outra muito semelhante) com a intenção de aliviar ou evitar sintomas de abstinência;
4. Evidência de tolerância, de forma que há a necessidade de doses crescentes da substância para obter-se os efeitos anteriormente produzidos com doses inferiores;
5. Abandono progressivo de outros prazeres ou interesses em favor do consumo da substância, aumento do tempo empregado em conseguir ou consumir a substância ou recuperar-se dos seus efeitos;
6. Persistência no consumo da substância apesar de provas evidentes de conseqüências manifestamente prejudiciais, tais como lesões hepáticas causadas por consumo excessivo de álcool, humor deprimido conseqüente a um grande consumo, ou da ocorrência de perturbação das funções cognitivas relacionada com a substância.

Outra possível conseqüência do uso pesado de álcool é a Síndrome de Korsakoff, também conhecida como amnésia induzida pelo álcool. Trata-se de um distúrbio neurológico associado ao consumo excessivo de álcool por longos períodos. Essa síndrome caracteriza-se por alterações dos movimentos, demência e grave deterioração da memória.

É comum o aparecimento de sintomas depressivos em alcoolistas. Freqüentemente, esses sintomas resultam de um estilo de vida permeado por um grande número de problemas relacionados ao álcool. Por outro lado, o abuso de álcool também pode ser secundário a um distúrbio depressivo.

Até alguns anos atrás, o alcoolismo era um problema predominantemente masculino e que aparecia, em geral, depois dos trinta anos. Hoje, com o início cada vez mais precoce do consumo de álcool, já existem alcoolistas de vinte, dezenove, dezesseis, ou até menos. E com a mudança do papel social da mulher, cresceu o consumo feminino de álcool e, em conseqüência disso, o número de mulheres alcoolistas também vem aumentando rapidamente.

Pesquisas com gêmeos e com filhos adotivos apontam para uma contribuição de fatores genéticos no alcoolismo, embora o mecanismo de ação desses fatores não esteja completamente elucidado. Contudo, a predisposição genética absolutamente não exclui a influência do estilo de vida e da educação – ao contrário, associa-se a ela no desenvolvimento do alcoolismo.

Sem dúvida, a primeira condição para alguém se tornar um alcoolista é beber excessivamente. Assim, todos os fatores sociais que propiciam esse padrão de consumo de álcool, como a grande aceitação social do beber excessivo, aumentam o risco de desenvolvimento do alcoolismo. E esse risco é ainda maior para as pessoas que, além disso, têm características psicológicas favoráveis e uma predisposição hereditária para esse distúrbio. O esquema da Figura 3 ilustra os principais fatores que influenciam no desenvolvimento do alcoolismo.

Figura 3. Fatores que influenciam o desenvolvimento do alcoolismo[12].

UMA QUESTÃO DE SAÚDE PÚBLICA

No Brasil, o consumo *per capita* de bebidas alcoólicas chega a ser maior do que o do leite, configurando-se como um dos grandes problemas de saúde pública do país. Ao contrário do que muita gente pensa, o álcool não faz mal só para o fígado. É uma substância muito tóxica e, por isso, o impacto de seu uso

12. Inspirado em figura encontrada no Site Álcool e Drogas sem Distorção (www.einstein.br/alcooledrogas)

excessivo sobre o organismo é enorme. O uso crônico de bebidas alcoólicas acarreta um grande número de problemas gastrintestinais, hepáticos, neurológicos, musculares, hematológicos, endócrinos, pulmonares, dermatológicos e psiquiátricos, entre outros.

No ano 2000, os problemas de saúde relacionados ao consumo de álcool foram responsáveis por 1,8 milhão de mortes, ou seja, 3,2% de toda a mortalidade do planeta naquele ano. Segundo a Organização Mundial de Saúde, os problemas relacionados ao consumo de álcool só podem ser comparados, em importância, aos decorrentes do consumo de tabaco e da prática de sexo desprotegido (DSTs e Aids).

Além do imenso sofrimento pessoal dos alcoolistas, de seus familiares e amigos, o custo econômico-financeiro do álcool é enorme. É o custo das medidas necessárias para atender às diversas complicações decorrentes do consumo de bebidas alcoólicas - faltas ao trabalho, ocorrências policiais, todos os tipos de acidentes (de trânsito, de trabalho, domésticos, afogamentos), internações, atendimentos médicos etc.

E, como mostram os resultados preliminares do II Levantamento Domiciliar sobre Uso de Drogas Psicotrópicas no Brasil, promovido pela Secretaria Nacional Antidrogas – SENAD, no período entre 2001 e 2005, a freqüência de dependentes de álcool na população brasileira passou de 11,2% para 12,3%. Esse levantamento também mostra o aumento do consumo de bebidas alcoólicas em idades cada vez mais precoces. Em 2001, 5,2% dos jovens de 12 a 17 anos eram dependentes de álcool. Em 2005 essa freqüência passou a 7%!

O ADOLESCENTE BRASILEIRO E O ÁLCOOL

Em 2004 foi realizado o quinto levantamento nacional sobre o consumo de drogas por estudantes brasileiros. Esse estudo avaliou, por amostragem, o consumo de drogas pelos alunos do ensino fundamental (a partir da quinta série) e médio da rede pública das vinte e sete capitais brasileiras.

A amostra foi constituída de 48.155 estudantes, com uma pequena superioridade numérica a favor das meninas (50,8%). A faixa etária predominante foi de 13 a 18 anos. Alunos de 10 a 12 anos representavam 20,7% da amostra. O álcool foi, de longe, a substância mais usada, muito à frente do segundo colocado, o tabaco. Em seguida vieram, pela ordem, os solventes, a maconha, os tranqüilizantes e os anfetamínicos[13].

13. Drogas estimulantes, utilizadas em regimes para emagrecer, ou para ficar ligado ("rebite").

Nessa pesquisa, o uso de álcool na vida[14] foi de 65,2%. O uso freqüente[15] foi de 11,7% e o uso pesado (vinte ou mais vezes nos trinta dias que antecederam a pesquisa) de 6,7%. Na faixa etária de 10 a 12 anos, 41,2% dos estudantes já experimentaram bebidas alcoólicas. Embora o levantamento não apresente dados sobre a quantidade de bebidas alcoólicas consumidas em cada ocasião, esses dados são extremamente preocupantes, uma vez que *quase 7%* dos estudantes pesquisados bebem praticamente todos os dias.

Características familiares, como o bom relacionamento com os pais, são fatores de proteção ao uso pesado de álcool. Estudantes que seguem alguma religião também referem um menor uso pesado, enquanto a prática de esportes aparentemente não influenciou esse tipo de uso.

Quando se considera toda a população brasileira, o grupo que concentra o maior número de dependentes de bebidas alcoólicas é formado por pessoas do sexo masculino, com idades entre 18 e 24 anos. De 2001 a 2005, o percentual de dependentes de álcool nesse grupo passou de 23,7% para 27,4%[16].

Esses dados mostram, sem sombra de dúvida, que o uso abusivo de álcool por adolescentes e adultos jovens, é um grave problema de saúde pública no Brasil. Daí, a importância da identificação dos fatores de proteção e da busca de alternativas de educação preventiva para que os jovens aprendam a se relacionar com o álcool de forma mais segura e responsável.

A única forma de reduzir tanto os danos individuais quanto sociais decorrentes do abuso de álcool é a prevenção. É extremamente necessário e urgente implementar e viabilizar, em nosso país, uma política pública do álcool que favoreça o desenvolvimento de estratégias preventivas e programas de prevenção voltados especificamente para o abuso de bebidas alcoólicas por crianças e adolescentes.

---

14. Quando a pessoa fez uso de álcool pelo menos uma vez na vida.
15. Uso de seis ou mais vezes nos trinta dias que antecederam a pesquisa.
16. Resultados Preliminares do II Levantamento Domiciliar sobre o Uso de Drogas Psicotrópicas no Brasil – CEBRID/SENAD, 2005.

BIBLIOGRAFIA

ARATANGY, L.R. Doces Venenos – *Conversas e desconversas sobre drogas*. São Paulo: Ed. Olho d'água, 1995.

BARROS, G.S.B.; GALPERIM, B.; GRÜBER, A.C. *Problemas clínicos comuns do alcoolismo*. In: RAMOS, S.P.; BERTOLOTE, J.M. (orgs.). *Alcoolismo hoje*. 3ª ed. Porto Alegre: Ed. Artes Médicas, 1997.

CEBRID/SENAD – II Levantamento Domiciliar sobre o Uso de Drogas Psicotrópicas no Brasil, Estudo Envolvendo as 108 maiores cidades do país – 2005 (no prelo).

CLASSIFICAÇÃO DE TRANSTORNOS MENTAIS E DE COMPORTAMENTO DA CID-10: DESCRIÇÕES CLÍNICAS E DIRETRIZES DIAGNÓSTICAS – Coord. Organiz. Mund. da Saúde; trad. Dorgival Caetano – Porto Alegre: Artes Médicas, 1993

DIMEFF, L.A.; BAER, J.S.; KIVLAHAN, D.R.; MARLATT, G.A. *Alcoolismo entre estudantes universitários – uma abordagem de redução de danos*. Tradução J.M.Bertolote. São Paulo: Ed. Unesp, 2002.

FORMIGONI, M.L.O.; MONTEIRO, M.G. *A etiologia do alcoolismo*. In: RAMOS, S.P.; BERTOLOTE, J.M. (orgs.). *Alcoolismo hoje*. 3ª ed. Porto Alegre: Ed. Artes Médicas, 1997.

GALDURÓZ, J. C.; NOTO, A. R.; CARLINI, E. A. *V Levantamento Nacional sobre o consumo de drogas psicotrópicas entre estudantes do ensino fundamental e médio da rede pública de ensino nas 27 capitais brasileiras* – 2004 – Centro Brasileiro de Informações sobre Drogas Psicotrópicas – Departamento de Psicobiologia da Escola Paulista de Medicina – Universidade Federal de São Paulo, 2005.

GALDURÓZ, J.C.; NOTO, A. R.; NAPPO, S.A.; CARLINI, E. A. *I Levantamento domiciliar nacional sobre o uso de drogas psicotrópicas*. São Paulo, CEBRID – Centro Brasileiro de Informações sobre Drogas Psicotrópicas – Unifesp / SENAD, 2002.

LARANJEIRA, R.; PINSKY, I. *O alcoolismo – mitos e verdades*. São Paulo: Ed. Contexto, 1997.

SCIVOLETTO, S.; ANDRADE, A.G. Complicações psiquiátricas pelo uso de álcool. In: RAMOS, S.P.; BERTOLOTE, J.M. (orgs.). *Alcoolismo hoje*. 3ª ed. Porto Alegre: Ed. Artes Médicas, 1997.

SEIBEL, S.D.; TOSCANO Jr. *Dependência de drogas*. São Paulo: Ed. Atheneu, 2001.

Sites:

www.abead.com.br

www.cebrid.epm.br/

www.cisa.org.br

www.einstein:br/alcooledrogas

www.niaaa.nih.gov

www.obid.senad.gov.br

www.uniad.org.br

2. RELAÇÕES PERIGOSAS

Álcool e sexo

TATIANA BACIC OLIC

No Brasil, 18% das adolescentes estão grávidas ou já tiveram pelo menos um filho[17]. Nos últimos anos houve um aumento significativo de gravidez em meninas com menos de 15 anos. O número de gestações nessa idade triplicou desde a década de setenta. Entre as garotas atendidas pelo SUS, no período de 1993 a 1998, houve um aumento de 31% dos casos de meninas grávidas entre 10 e 14 anos. Enquanto na população geral a fecundidade vem diminuindo, na faixa entre 15 e 19 anos ocorre o inverso: houve um aumento de 26% de 1970 a 1991[18].

O aumento da gravidez entre meninas deve-se principalmente à iniciação cada vez mais precoce da vida sexual. Nas últimas décadas, é cada vez maior o número de garotas que iniciam sua vida sexual antes dos 18 anos. Assim, questões como gravidez, infecção por DST/Aids e consumo de drogas por adolescentes vêm cada vez mais se configurando como um expressivo problema de saúde pública em nosso país.

Segundo dados do Ministério da Saúde[19], houve um aumento da contaminação pelo HIV entre adolescentes nos últimos anos. O maior número de casos concentra-se na faixa entre 20 a 49 anos. Levando-se em conta que o vírus pode ficar incubado no organismo sem se manifestar por cerca de dez anos, muitas dessas pessoas devem ter se contaminado quando jovens.

---

17. PNDS (Pesquisa Nacional de Demografia e Saúde), 1996.
18. Censo Demográfico, IBGE
19. Boletim Epidemiológico Aids 2006.

De fato, a adolescência pode ser considerada uma fase de alta susceptibilidade. Diferentes fatores culturais, sociais, emocionais e biológicos atuam na vida dos jovens, interferindo em suas escolhas e decisões sobre seu consumo de drogas e seu comportamento sexual.

> "Somados aos diversos fatores de vulnerabilidade, algumas características próprias dos jovens aumentam o desafio que representa o desenvolvimento de estratégias e ações eficazes para a prevenção: despreparo para lidar com a sexualidade, onipotência e sentimento de invulnerabilidade, barreiras e preconceitos, dificuldade de tomar decisões, indefinição de identidade, necessidade de afirmação grupal, dificuldade de administrar esperas e desejos".
>
> Ministério da Saúde, 2000

Todos esses fatores interagem, levando os adolescentes a se envolver em situações de risco, que se refletem nos preocupantes dados atuais.

O QUE MOSTRAM AS PESQUISAS

Uma pesquisa realizada pelo Instituto de Psiquiatria da Universidade de São Paulo com alunos de uma escola pública, com idades entre 13 e 21 anos, confirma essa relação entre o uso de drogas e comportamento sexual de risco.

A pesquisa analisa as diferenças de comportamento sexual entre usuários e não usuários de drogas. Dos estudantes entrevistados, 85,2% já haviam experimentado álcool, 50% cigarros e 53,1% já haviam tido contato com alguma droga ilícita, sendo a maconha a mais consumida – 46%. De acordo com essa pesquisa, os usuários de drogas ilícitas têm uma vida sexual mais ativa do que os não usuários. Dentre os usuários, 80,9% já tiveram relação sexual, contra 57,5% dos não usuários.

Com relação ao início da vida sexual, os usuários de drogas têm, em média, idade de início mais precoce em comparação com os não usuários: aos 15,2 anos, contra 15,7 anos dos não usuários.

Os usuários de drogas usam menos preservativos em comparação aos não usuários: 56,8% fazem uso regular de preservativos, contra 65,3% dos não usuários. O não uso de preservativos associou-se de maneira significativa ao consumo de álcool e maconha, o que pode indicar que o efeito desinibidor dessas substâncias facilita a relação sexual e diminui a preocupação com a segurança.

As principais conclusões desse estudo são: quanto mais cedo o jovem inicia sua vida sexual, maior sua chance de se envolver em comportamento sexual de risco. E, quanto maior o número de drogas utilizadas, mais precoce é o início da atividade sexual e menor o uso de preservativos.

Outra pesquisa realizada pelo PROAD[20], relacionando o uso de álcool e comportamento sexual de risco em jovens de 14 a 19 anos, mostrou uma relação entre comportamento sexual de risco e consumo elevado de álcool. O estudo comparou o comportamento sexual de adolescentes não usuários de álcool ao de usuários leves e pesados dessa substância. Verificou-se uma diferença significativa no início da vida sexual: enquanto no grupo de não-usuários, 50% já haviam tido relações sexuais, entre os usuários essa proporção era de 83,3% e entre os usuários pesados, de 92,9%. Além disso, os adolescentes que bebem com freqüência tiveram, em média, mais parceiros sexuais, do que os que não bebem.

Outro dado significativo é que os usuários pesados de álcool mantêm mais relações sexuais sob o efeito de álcool e/ou outras drogas do que os demais: 20% nos não-usuários, 33,3% nos usuários leves e 83,3% nos pesados. Assim, o consumo de álcool é um fator que aumenta as chances de contato sexual de risco, levando o jovem a adotar um comportamento menos seguro.

ÁLCOOL – OS EFEITOS DA EXPECTATIVA

Os efeitos das drogas no organismo não se relacionam apenas a seus efeitos farmacológicos,

> "... as drogas provocam, além de alterações fisiológicas, efeitos bastante subjetivos e variados, dependendo dos fatores presentes na equação indivíduo-droga, como o contexto em que a prática se realiza ou as concepções que o indivíduo tem sobre a droga e do que seu uso pode promover. Assim, o que a pessoa sabe sobre a droga influencia a maneira como ela a usa, a maneira como ela interpreta seus efeitos e responde a eles, e a maneira como ela lida com as conseqüências da experiência".
>
> SOARES, 1997

20. Programa de Orientação e Atendimento a Dependentes, ligado à Unifesp – Universidade Federal de São Paulo.

A expectativa em relação aos efeitos do consumo de álcool exerce uma influência importante no comportamento sexual. Os efeitos da bebida resultam não só de sua ação farmacológica, mas também de normas culturais e mitos associados a ela. O álcool é visto, no imaginário popular brasileiro, como um afrodisíaco. Isso fica muito claro nas propagandas de cerveja, que quase sempre insinuam situações ligadas à sexualidade.

O álcool é um depressor do sistema nervoso central. Em pequenas doses, tem um efeito estimulante, o que pode levar a uma desinibição em relação ao sexo. Já em doses elevadas, seu efeito é oposto, prejudicando o desempenho sexual. Seu uso prolongado pode levar à impotência.

> "As mesmas drogas estimulantes que serviam para desinibir e ativar a manifestação do desejo sexual, com o uso crônico tendem a produzir depressão e impotência sexual no homem e desinteresse sexual na mulher. Aquilo que a princípio estimulava, acaba por matar o desejo" (Egypto, Tá na Roda).

ÁLCOOL E VIOLÊNCIA SEXUAL

Como ocorre em relação a todas as outras formas de violência, não se pode afirmar que o álcool "produza" a violência sexual. Entretanto, seu consumo pode alterar o comportamento, a percepção, e o estado emocional das pessoas. Essas alterações, quando associadas a outros fatores, como o contexto social, cultural ou situacional podem favorecer a violência sexual. Por exemplo, um homem está bebendo num bar e uma mulher chega sozinha. Alcoolizado, ele tem mais chances de achar, equivocadamente, que ela está sexualmente interessada nele. E, se a mulher também tiver bebido, pode não perceber suas intenções sexuais ou, mesmo que as perceba, ela pode ser incapaz de resistir a uma agressão sexual ou evitá-la.

Esses efeitos, associados ao estereótipo de que uma mulher embriagada está sexualmente disponível e ao fato de que muitas vezes o consumo de álcool é usado como justificativa para a violência sexual masculina, fazem com que o abuso de álcool esteja associado a uma parcela significativa dos casos de violência sexual.

ALTERNATIVAS

A escola e os pais não podem ficar alheios a essa nova realidade do universo dos adolescentes. Informar só não basta, é de suma importância criar espaços de reflexão e ação sobre a realidade, para que eles possam discutir as informações recebidas e compartilhar suas dúvidas, a fim de buscar uma forma de lidar com elas e adotar atitudes mais seguras.

É fundamental reconhecer o adolescente como sujeito de direitos, favorecendo o diálogo, estimulando seu protagonismo, colocando-o no centro das decisões que dizem respeito à sua saúde e à sua própria vida. Afinal, um adolescente que não se questiona e que não reflete sobre sua condição, cuida-se menos e se arrisca mais.

BIBLIOGRAFIA

EGYPTO, A.C. O uso de drogas e a sexualidade. In: *Tá na Roda: uma conversa sobre drogas.* Projeto da Secretaria de Estado da Educação do Governo do Estado de São Paulo em parceria com a Fundação Roberto Marinho. Cap. 14, pág. 219-235.

GALDURÓZ, J. C.; NOTO, A. R.; CARLINI, E. A. *V Levantamento Nacional sobre o consumo de drogas psicotrópicas entre estudantes do ensino fundamental e médio da rede pública de ensino nas 27 capitais brasileiras* – 2004 – Centro Brasileiro de Informações sobre Drogas Psicotrópicas – Departamento de Psicobiologia da Escola Paulista de Medicina – Universidade Federal de São Paulo, 2005.

FIDALGO, T. M.; SILVIERA, D. X. *Sexual risky behavior related to alcohol use among adolescents.* In: XIII World Congress of Psychiatry. Cairo: 2005.

SCIVOLETTO S. TSUJI R K.; ABDO C. H. N.; QUEIROZ S.; ANDRADE A. G.; GATTAZ, W. F. Relação entre consumo de drogas e comportamento sexual de estudantes de 2º. grau de São Paulo. Revista Brasileira de Psiquiatria. vol. 21 n. 2. São Paulo: 1999.

SOARES, C.B. *Adolescentes, drogas e Aids: avaliando a prevenção e levantando necessidades.* Tese de doutorado, Faculdade de Educação, Universidade de São Paulo, 1997.

MINISTÉRIO AS SAÚDE . *Prevenir é sempre melhor.* – Secretaria de Políticas de Saúde, Coordenação Nacional DST/Aids. Brasília: 2000.

Sites:

www.aids.gov.br

www.ibge.gov.br

Álcool e trânsito

FERNANDA CARINA LISBOA CAMMAROTA

Um grupo de jovens conversando:

Caco – Parece mentira que isso aconteceu..

Renato – Cara, não dá para acreditar! Ontem ele estava aqui com a gente, zuando, aprontando todas, e, hoje, já era.

André – Aos 16 anos.. Que morte estúpida!

Kiko – Chegou a hora dele.

Ricardo – Deixa de babaquice! Não tem nada a ver essa história de "chegou a hora..".

André – Eu concordo. Acho que é a gente mesmo que pode provocar essa hora.

Caco – Ele arriscava muito, queria emoções fortes, adrenalina a mil!

Kiko – Viver sem correr riscos não tem graça.

André – E correr riscos dirigindo um carro em alta velocidade e, ainda por cima, de porre não é querer morrer?

Kiko – Não, também não é assim. Ele só enchia a cara nos finais de semana..

Renato – E como!

Ricardo – Também só pegava o carro nos finais de semana..

Renato – O grande barato dele eram os carros e a bebida. Era ligado em beber. Inventar coquetéis e misturar bebidas com energizantes. Tomar as "bombas", como ele dizia.

Caco – No acidente ele estava completamente alcoolizado. O carro capotou várias vezes. Não sobrou nada. Perda total.

André – Do carro e da vida.

In: *Cavalieri*, A. L. F e Egypto, A. C. Drogas e Prevenção. 4ª Edição. São Paulo: Editora Saraiva, 2004.

No Brasil, os acidentes de trânsito constituem uma das principais causas externas de morte, gerando um prejuízo anual de R$ 20 bilhões. Nesse número estão incluídos os custos com perdas em produção, custos médicos, previdência social, custos legais, perdas materiais, despesas com seguro, entre outros.

Embora o impacto do consumo de substâncias psicoativas sobre os acidentes de trânsito seja reconhecido há tempos, só recentemente foram desenvolvidas pesquisas sobre a relação entre os acidentes de trânsito e o uso de álcool e outras drogas.

O Código Brasileiro de Trânsito é claro ao proibir que os habilitados dirijam após o consumo de bebidas alcoólicas ou outras substâncias psicoativas, mas as pesquisas demonstram que essa proibição não é levada a sério. Dados do DETRAN–SP mostram que aproximadamente metade dos acidentes automobilísticos fatais está relacionada ao consumo de álcool.

Uma pesquisa realizada pela Secretaria do Estado de Saúde no segundo semestre de 2004, com base em 454 laudos do Instituto Médico Legal (IML), comprovou que 42,7% dos acidentes fatais no trânsito de São Paulo, estavam relacionados ao consumo excessivo de bebidas alcoólicas. Entre as 454 vítimas fatais no trânsito, 194 tinham concentração sanguínea de álcool acima do permitido por lei.

Entre as vítimas de trânsito, 28,7% tinham entre 20 e 29 anos, confirmando os dados obtidos em 2001 pela Associação Brasileira de DETRANs em quatro capitais (Brasília, Curitiba, Salvador e Recife), que apontam que as maiores vítimas do trânsito são adolescentes e adultos jovens.

A MATEMÁTICA É SIMPLES: ÁLCOOL + DIREÇÃO = ACIDENTES

O álcool provoca lentidão nos reflexos e redução na capacidade de perceber os estímulos, fazendo com que o motorista tenha maiores chances de se envolver em acidentes. Mas, a sensação subjetiva é bem diferente! Sob o efeito do álcool, o motorista sente-se mais confiante e acredita que dirige melhor. *Ninguém dirige melhor depois de beber*! O que realmente acontece é que o álcool reduz a crítica. É essa perversa combinação de efeitos – por um lado o álcool compromete o desempenho motor e, pelo outro, reduz a crítica – que torna a associação álcool-direção extremamente perigosa.

Testes científicos revelam que sob o efeito do álcool o motorista:

- Precisa de maior tempo de observação para avaliar as situações de trânsito;
- Tem dificuldade em sair-se bem em situações inesperadas;
- Tem uma redução da capacidade de desviar a atenção permanecendo muito tempo fixado a um único ponto.

O Código Nacional de Trânsito considera legalmente intoxicada uma pessoa cuja concentração de álcool no sangue (CAS)[21] seja superior a 0,06% (0,6 gramas de álcool por litro de sangue). Isso equivaleria, para um homem de 70 quilos, ao consumo de, aproximadamente, duas latas de cerveja, ou duas doses de destilados, ou duas taças de vinho. Se seu peso for menor, ele poderá chegar a 0,06% bebendo menos. Se ele estiver com o estômago vazio, também. Se beber essas doses rapidamente, ele pode atingir uma CAS maior do que 0,06% com essas mesmas doses.

E se, em vez de homem, se tratar de uma mulher, essas quantidades serão ainda menores. Além disso, a sensibilidade individual ao álcool varia muito de uma pessoa para outra, e na mesma pessoa em diferentes ocasiões. Assim, são tantas as variáveis que podem influenciar tanto a CAS quanto a resposta de uma pessoa a ela, que dirigir e beber acabam sendo atividades incompatíveis.

Alguns estudos avaliaram a relação entre o aumento do risco de acidentes e a concentração de álcool no sangue. Com CAS entre 0,02 e 0,05%, uma pessoa tem duas vezes mais chances de se envolver em acidentes. Entre 0,05 e 0,09%, o risco de acidentes triplica. Concentrações entre 0,09 e 0,15 aumentam esse risco em dez vezes. E, quando a concentração sanguínea de álcool está entre 0,15 e 0,30, as chances de envolvimento em acidentes aumentam vinte vezes.

O QUE DIZ A LEI

O Código de Trânsito Brasileiro (CTB) aponta que "o trânsito, em condições seguras, é um direito de todos e dever dos órgãos e entidades componentes do Sistema Nacional de Trânsito, a estes cabendo, no âmbito das respectivas competências, adotar as medidas destinadas a assegurar esse direito" (Art. 1°. § 2).

O artigo 28 salienta que o condutor, a todo momento, deverá ter domínio de seu veículo, dirigindo-o com atenção e cuidados indispensáveis à segurança do trânsito. Desta forma, as infrações envolvendo o uso ou suspeita de uso de substâncias psicoativas, vão contra as bases do CTB e sofrem punições conforme os artigos abaixo.

> *Art. 165.* Dirigir sob a influência do álcool, em níveis superiores a seis decigramas por litro de sangue, ou de qualquer substância entorpecente ou que determine dependência física ou psíquica.

21. Ver capítulo sobre álcool.

Infração: Gravíssima;

Penalidade: multa e suspensão do direito de dirigir.

Medida Administrativa: retenção do veículo até apresentação de condutor habilitado e recolhimento do documento de habilitação.

Art. 276. A concentração de seis decigramas de álcool por litro de sangue comprova que o condutor se acha impedido de dirigir veículo automotor.

Art. 277. Todo condutor de veículo automotor, envolvido em acidente de trânsito ou que for alvo de fiscalização de trânsito, sob suspeita de haver excedido os limites previstos no artigo anterior, será submetido a testes de alcoolemia, exames clínicos, perícia ou outro exame que por meios técnicos ou científicos, em aparelhos homologados pelo CONTRAN, permitam certificar seu estado.

Art. 306. Conduzir veículo automotor, na via pública, sob a influência de álcool ou substâncias de efeitos análogos, expondo a dano potencial a incolumidade de outrem:

Penas: detenção, de seis meses a três anos, multa e suspensão ou proibição de se obter a permissão ou a habilitação para dirigir veículo automotor.

Como se vê, o aumento de risco é diretamente proporcional à concentração de álcool no sangue. Observa-se também que, mesmo concentrações permitidas do ponto de vista da legislação podem triplicar o risco de acidentes. Na realidade, muitas vítimas de acidentes de trânsito não teriam sido multadas, se soprassem no bafômetro. Por isso, a única forma segura de lidar com essa equação é: **se for dirigir, não beba. E se beber, não dirija.**

BIBLIOGRAFIA

Sites:

www.detran.sp.gov.br

www.saude.sp.gov.br/portal/c76e8383c0a80a030023f1bbe96741c4.htm

http://www.detran.pr.gov.br/arquivos/File/RevistadeTransito/2006/jul06/CAPACustodosacidentes.doc

Álcool e violência

VALÉRIA YAHN HENRIKSSON

A violência associada ao consumo de bebidas alcoólicas é um problema de importância crescente, que exige a atenção de todos e merece um lugar de destaque na agenda da Saúde Pública. O álcool é a droga mais consumida e a que mais se associa à violência. Além dos efeitos sobre a saúde do usuário, o abuso de álcool é um dos fatores que agravam a violência urbana, a desagregação familiar e a delinqüência juvenil, afetando a sociedade como um todo.

Muitos estudos apontam o uso de álcool como um facilitador da ocorrência de acidentes, agressões e crimes. Na população jovem isso é particularmente preocupante, pois é cada vez maior a incidência de mortes por causas violentas e acidentes em geral, associados a altas concentrações de álcool no sangue dessas vítimas. Na cidade de São Paulo, 50% das vítimas de morte violenta como homicídios, acidentes de trânsito e suicídios estavam alcoolizadas no momento do óbito[22].

Por diminuir a censura, o álcool pode fazer com que o indivíduo atue de maneira desinibida e agressiva. Tais comportamentos podem conduzir a situações de violência.

Um estudo feito em 1997 pelo NIAAA[23] nos EUA, constatou que o consumo exagerado de bebida alcoólica é um fator presente em 68% dos homicídios culposos, 62% dos assaltos, 54% dos assassinatos e 44% dos rou-

22. Carlini-Cotrim e Chasin, 1998, Apud Carlini-Cotrim B., 1998.
23. National Institute on Alcohol Abuse and Alcoholism.

bos ocorridos no país. Essa pesquisa também mostra uma grande relação entre violência doméstica e álcool. Cerca de dois terços dos casos de espancamento de crianças acontecem quando os pais estão sob efeito do álcool. O mesmo ocorre nas agressões entre marido e mulher.

Existem diversos trabalhos da literatura sobre crimes violentos, os quais revelam que, no momento do crime, uma parcela significativa de seus autores e/ou vítimas estava sob efeito de bebidas alcoólicas. Mostram também uma tendência de redução da taxa de homicídios quando diminui o consumo de álcool *per capita*, e um aumento dessa taxa quando o consumo cresce, sugerindo uma relação entre esses dois fenômenos.

Apesar disso, não se pode afirmar que exista uma relação causal entre o consumo de bebidas alcoólicas e o ato de violência – o álcool parece ser um dos vários fatores que facilitam o surgimento do ato violento.

Vivemos numa sociedade muito permissiva que incita à busca pelo prazer imediato e a mídia estimula o consumo de bebidas alcoólicas. Esses são alguns dos fatores que têm estimulado o consumo excessivo de álcool e que, certamente, contribuem para o aumento da violência.

Pesquisas brasileiras e internacionais apontam que fatores socioeconômicos parecem ser os de maior importância na eclosão de eventos violentos como o homicídio. O consumo de bebidas alcoólicas pode potencializar o impacto de problemas sociais como pobreza e desemprego – álcool, pobreza e desemprego podem se constituir numa combinação altamente explosiva.

Diante desses dados, ficam evidentes a necessidade e a importância de se desenvolver políticas de saúde que dêem prioridade à prevenção dos problemas associados ao uso indevido de álcool. Um exemplo de medida de saúde pública que vem sendo adotada por administradores de estádios de futebol é a proibição da venda de bebidas alcoólicas no estádio, que tem levado à diminuição da violência nesses centros esportivos. No entanto, para que essa medida seja eficiente é necessário o controle da venda de álcool ao redor desses locais.

Outra medida preventiva é a regulamentação do horário da venda de bebidas alcoólicas nos bares. Algumas cidades brasileiras vêm adotando esta medida e têm, com isso, conseguido diminuir o número de brigas e assassinatos.

Em 1999, Diadema, cidade que integra a grande São Paulo, liderava o ranking de violência no Estado, com 103 homicídios em cada 100 mil habitantes. O mapeamento da criminalidade local verificou que 65% desses crimes ocorriam em regiões com alta concentração de bares. Além disso, verificou que 60% dos assassinatos e 45% dos casos de agressão contra mulheres ocorriam entre as 23 horas e as 6 horas. Esses dados chamaram a atenção do poder público que, em 2002, criou uma lei municipal proibindo a venda de bebidas alcoólicas após as 23 horas.

Apesar da grande polêmica gerada, os resultados da regulamentação do horário de venda de bebidas alcoólicas foram surpreendentes: a mortalidade baixou de 103 homicídios em cada 100 mil habitantes para menos de 30, evitando 273 assassinatos (11 por mês) nos 24 meses da vigência da lei. A violência doméstica caiu aproximadamente 30%. O índice de violência contra mulher caiu 40%, o que equivale a uma redução de nove agressões por mês.

O número de dependentes de álcool desse município não diminuiu, no entanto, Diadema saiu da lista das cidades mais violentas do Estado. Isto comprova e reforça a idéia de que o binômio álcool e violência pode ser modificado. O que estamos esperando para tomar medidas que visem à diminuição dos danos causados pela embriaguez aguda?

Segundo Alexander Butchart , coordenador de prevenção de violência da Organização Mundial da Saúde, as pessoas que abusam de álcool e drogas correm maior risco de serem tanto autoras quanto vítimas de violência. É necessário e urgente desenvolver em nosso país uma política pública de álcool que envolva ações que visem à diminuição de situações de violência. Medidas como restricões e controle da venda de bebidas alcoólicas podem resultar numa real redução do número de homicídios, suicídios, agressões em geral e acidentes.

BIBLIOGRAFIA

CARLINI-COTRIM, B. Drogas na escola: prevenção, tolerância e pluralidade. In: Aquino, J.G. (org). *Drogas na escola – alternativas teóricas e práticas.* São Paulo: Summus Editorial, Cap.2, p.19-30, 1998.

CAVALIERI A.L.F.; EGYPTO A.C. *Drogas e Prevenção: a cena e a reflexão.* 4ª. ed., São Paulo: Ed. Saraiva, 2004.

DUARTE P.C.A.V.; CARLINI-COTRIM B. *Álcool e violência: estudo dos processos de homicídio julgados nos Tribunais do Júri de Curitiba, PR, entre 1995 e 1998.* J. Bras. Dep. Quim., vol 1, nº 1, págs. 17-24, 2000.

LARANJEIRA, R.; DUAILIBI, S. M.; PINSKY, I., Alcohol and violence: psychiatry and public health. *Rev. Bras. Psiquiatria*, vol. 27, nº 3, 2005.

Sites:

www.senad.gov.br

http://www.scielo.br/

www.cebrid.epm.br

www.niaaa.nih.gov/

http://www.drauziovarella.com.br/

3. PREVENÇÃO

Prevenção ao uso de drogas

VALÉRIA YAHN HENRIKSSON

Droga é um tema que fascina os jovens, apavora os pais e preocupa os educadores. De acordo com o relatório das Nações Unidas de 2005 sobre o consumo mundial de drogas, cerca de 200 milhões de pessoas – 5% da população mundial entre 15 e 64 anos usaram drogas ilícitas pelo menos uma vez nos últimos doze meses – o que representa um aumento anual de 15 milhões de usuários. Mas esses números astronômicos são significativamente inferiores ao número de pessoas que usaram drogas lícitas no mesmo período: tabaco – cerca de 30% e álcool, metade da população adulta.

Lícita ou ilícita, droga é um produto. Nas últimas décadas, houve um grande aumento da oferta de drogas. Mas, de acordo com a velha lei da oferta e da procura, esse aumento só foi possível porque houve um crescimento correspondente na demanda por substâncias psicoativas. Mas, a que se deve esse aumento? O ser humano sempre buscou substâncias que alterassem seu estado de consciência.

> "O que move uma pessoa em direção à droga está, na origem, muito perto do que leva uma pessoa em direção ao microscópio, ou ao telescópio – o mesmo que impulsionou tantos em direção ao sextante, aos mares bravios, às aventuras espaciais. O sentimento que nos empurra às grandes navegações é parte do arsenal que nos fez humanos – o desejo de conhecer sempre mais, a ousadia de romper os limites, o desafio do desconhecido. Brota da sensação de desconforto de viver uma só vida, dentro de uma

única pele. Não há dúvida que algumas experiências podem romper essas limitações. Não muitas. Dentre elas: a arte, a paixão, a droga".

Aratangy, 1998, p. 11

Mas, se o homem sempre usou drogas, nunca na sua história esse uso assumiu proporções comparáveis às atuais. Certamente, a demanda por drogas é um indicador dos desequilíbrios sociais e das tensões resultantes desses desequilíbrios. Pode indicar ainda a insatisfação dos indivíduos quanto aos seus anseios existenciais. O fato é que, lícitas ou ilícitas, estimulantes, depressoras ou alucinógenas, o uso abusivo de drogas causa inúmeros problemas ao indivíduo e à sociedade.

Existem duas formas de reduzir esses problemas: reduzir a oferta e reduzir a demanda. As iniciativas de redução da oferta consistem na repressão ao narcotráfico e no controle da comercialização e publicidade das drogas lícitas. As de redução da demanda consistem na prevenção e no tratamento. A prevenção tem-se destacado por ser a alternativa mais eficaz e de menor custo para a sociedade.

Palco e cenário da vida dos jovens, a escola passou a ter outras responsabilidades, que até então não lhe eram atribuídas. Deparou-se com questões como sexualidade, violência, meio-ambiente e consumo de drogas. Temas com os quais a grande maioria das escolas e professores não está preparada para lidar.

Segundo evidências apontadas em estudos brasileiros e internacionais, o álcool é uma das drogas mais consumidas e que mais problemas traz. Pesquisa realizada em 2004 pelo CEBRID[24], em todas as capitais brasileiras, constatou que 65,2% dos estudantes do ensino fundamental e médio já consumiram bebidas alcoólicas, sendo que 6,7% as consomem quase diariamente.

Existem basicamente duas formas de lidar com a prevenção ao uso de substâncias: a abordagem de "*guerra às drogas*" e a de *redução dos danos* associados ao uso de drogas. A abordagem de guerra às drogas tem como origem o modelo americano e tem sido muito utilizada nos países em desenvolvimento. Seu objetivo é acabar com todo e qualquer uso de drogas, por meio de ações de controle social e de punição. Esse modelo tem como foco de suas ações as drogas ilícitas e não o consumo de drogas lícitas como o álcool e o tabaco.

Os modelos preventivos da abordagem de "*guerra às drogas*" utilizados na escola são os de amedrontamento, apelo moral, treinamento para resistência, pressão de grupo positiva e orientação para pais. Esses modelos rejeitam não somente as drogas, mas também seus usuários, através da via moral e do medo.

24. CEBRID - Centro Brasileiro de Informações sobre drogas psicotrópicas.

Por outro lado, a abordagem de *redução de danos*, leva em conta o fato de que todas as sociedades humanas sempre conviveram com o uso de algum tipo de substância psicoativa e busca diminuir os prejuízos decorrentes do abuso de drogas.

> "As ações de redução de danos constituem um conjunto de medidas de saúde pública voltadas a minimizar as conseqüências adversas do uso de drogas".
>
> Ministério da Saúde, 2001

Ações preventivas em redução de danos podem ter como objetivos o consumo moderado de álcool, o não-compartilhamento de seringas no caso de drogas injetáveis ou a restrição do uso de maconha a determinadas ocasiões. Também se reduzem os danos relacionados a essas substâncias quando se adia o primeiro contato com elas, para que, se ele tiver que ocorrer, que seja numa fase em que o indivíduo já esteja mais maduro e estruturado.

As medidas preventivas podem ser classificadas em três categorias. A *prevenção universal* dirige-se a todos os membros de uma população, por exemplo, todos os alunos de uma escola e visa a prevenir ou retardar o abuso de álcool ou outras substâncias. As medidas de *prevenção seletiva* destinam-se aos membros de um subgrupo com maior risco de desenvolver abuso ou dependência. Finalmente, a *prevenção indicada* é dirigida a indivíduos que já exibem os primeiros sinais de abuso de substâncias.

Nas últimas décadas, programas com o objetivo de reduzir o uso nocivo de substâncias têm ganhado espaço em algumas escolas e universidades, porém ainda há muito a ser feito.

Trabalhar com prevenção ao uso de drogas pressupõe uma postura aberta por parte do educador e o uso de metodologia participativa. O que se busca é gerar debate e reflexão. Não se pode tratar todas as drogas como se oferecessem o mesmo risco, nem confundir o uso eventual de uma substância psicoativa com o uso habitual e contínuo. Segundo Cavalieri & Egypto (2004), "*A aula de prevenção deve ser um diálogo permanente e descontraído. Sem terrorismo, moralismo*". Deve-se evitar uma ênfase exagerada na experimentação, encarando-se esse tipo de uso como um fato relativamente comum da adolescência e não como o primeiro passo para um caminho sem volta.

> "(...) qualquer ser humano possui a estrutura emocional necessária para, dadas as condições favoráveis, desenvolver um vício ou uma dependência. Quem não tiver a humildade de reconhe-

> cer isto, não está capacitado para trabalhar com prevenção do uso de drogas, principalmente com adolescentes. Quem acredita que o viciado é um pervertido, um doente ou um pecador dificilmente será um educador eficiente: diante do caso concreto de um aluno com este tipo de problema, não será capaz de tomar as medidas mais adequadas, mas tentará, provavelmente, se livrar da encrenca, expulsando o aluno da escola, ou até recomendando sua internação numa clínica, em casos em que isso não seria indicado (...) como um dependente químico que não consegue se libertar de seu vício, nós também persistimos em comportamentos e atitudes reconhecidamente prejudiciais".
>
> ARATANGY, 1998, P. 9-10

Segundo Carlini-Cotrim & Pinsky (1989), existem basicamente três linhas distintas de atuação nas escolas: o aumento do controle social, o oferecimento de alternativas e a educação preventiva.

A primeira proposta – *aumento do controle social* – considera que a diminuição do controle dos adultos sobre os jovens é o fator responsável pelo desajuste crescente dessa população, acarretando o aumento do consumo de drogas. A partir da suposição de que os jovens buscam desenfreadamente o prazer, impõe-se, pois, à sociedade, colocar limites nessa busca.

O *oferecimento de alternativas* propõe uma intervenção nas condições sociais que possam favorecer o hábito de consumir drogas. Não interfere no uso da substância em si, pois considera que o jovem busca a droga para escapar de pressões, frustrações e pela falta de perspectivas na vida: falta de oportunidade no mercado de trabalho, inadequação do sistema educacional, falta de opções de lazer, de atividades culturais etc.

Já a terceira proposta tinha, inicialmente, como objetivo promover a abstinência através de informações alarmistas, gerando medo em relação às conseqüências do uso de drogas. De acordo com a abordagem de "guerra às drogas", pressupunha que, se as informações enfatizassem os perigos a que os jovens se expõem ao usar drogas, eles se absteriam de usá-las – *educação preventiva repressiva.*

Mas o clima que surge quando se busca amedrontar as pessoas dessa forma, em especial quando se trata de adolescentes, acaba com qualquer possibilidade de diálogo genuíno com eles. Além disso, está cientificamente constatado que a educação preventiva repressiva e ameaçadora pode até ser contraproducente, por gerar curiosidade e desejo de experimentar alguma droga. O fracasso desse modelo reforçou a necessidade de desenvolver novas alternativas para se abordar o tema.

Em oposição ao modelo da educação preventiva repressiva, surgiu a *educação preventiva não-repressiva*, que, diferentemente da primeira, tem como objetivo principal o investimento na formação do indivíduo, na auto-realização, na auto-estima e no desenvolvimento do senso de responsabilidade em relação à própria vida.

No modelo repressivo, a droga é o mal que precisa ser eliminado e os usuários são vistos como pessoas frágeis. Na educação preventiva não repressiva, o uso de drogas é visto como um fenômeno da sociedade e que devido às suas proporções está se transformando numa verdadeira epidemia. Por isso, a necessidade premente de se desenvolver programas de prevenção do abuso de drogas nas escolas.

Pesquisa realizada com professores do Ensino Fundamental e Médio da rede pública de ensino de São Paulo[25] constatou que sua atuação preventiva está relacionada à causa que eles atribuem ao beber excessivo dos alunos. Isto é, a percepção causal do professor pode facilitar ou criar um obstáculo à prevenção. Das 140 professoras entrevistadas, todas relataram já ter notado alterações de comportamento de algum aluno em classe, decorrentes do abuso de álcool. Quarenta e quatro delas tentaram fazer algo por conta própria, mesmo despreparadas e sem orientação de especialistas. Essas professoras acreditavam que o abuso era decorrente de um contexto social e, por pensarem assim, mobilizaram-se para desenvolver algum tipo de atividade de prevenção. No entanto, essas atividades seguiam a linha do amedrontamento, destacando as graves conseqüências do uso abusivo de bebidas alcoólicas. As outras 96 professoras não realizaram qualquer tipo de atividade preventiva. Elas atribuíam o consumo de álcool às características emocionais do aluno, como o baixo nível de auto-estima, a necessidade de auto-afirmação, a dificuldade do adolescente para lidar com o novo, para encontrar seu papel na sociedade e a falta de sentido para a vida. As professoras que não tomaram nenhuma medida preventiva acreditavam que a "culpa" do uso indiscriminado de bebidas alcoólicas era do aluno e, por isso, consideravam esta questão um problema exclusivo dele.

Se a escola tivesse um programa de prevenção ao uso de drogas lícitas, principalmente ao abuso de álcool, e se as professoras que tentaram fazer alguma atividade de prevenção tivessem sido devidamente orientadas para tal, provavelmente teriam desempenhado uma ação preventiva mais consistente e eficaz. Pois é no cotidiano do seu trabalho com os alunos que o professor tem as oportunidades mais preciosas de atuar como agente de prevenção.

---

25. Cristina Bardeli, Tese de Doutorado http://www.aprendebrasil.com.br/entrevistas/entrevista0041.asp

Apesar da evidente necessidade de desenvolver programas de prevenção ao uso de drogas nas escolas, e mesmo com toda a dedicação e empenho dos profissionais envolvidos em ações preventivas ao uso indevido de substâncias, ainda há muitos obstáculos.

A prevenção ao uso indevido de drogas deve ser priorizada nos programas governamentais de saúde pública, com o objetivo de diminuir os prejuízos sociais causados por esse uso. Na última década, só o álcool custou à sociedade americana[26] cerca de US$148 bilhões. Desse total, aproximadamente 19 bilhões foram gastos em saúde, 32 bilhões em mortes prematuras, e 70 bilhões em perda de produtividade das empresas.

Estima-se que o custo econômico-financeiro da prevenção corresponda a aproximadamente um terço dos custos gerados pelo uso indevido de drogas – tratamento de usuários e dependentes, gastos com doenças associadas ao uso da substância, queda da produtividade, acidentes de todos os tipos, crimes, detenções. Por isso, além de evitar o imenso sofrimento pessoal e social gerado pelo uso indevido de drogas, **é mais barato prevenir.**

26. Dados do Departamento de Saúde dos Estados Unidos.

BIBLIOGRAFIA

ARATANGY, L.R. O desafio da prevenção. In: AQUINO, J.G. (org). *Drogas na escola – alternativas teóricas e práticas.* São Paulo: Summus Editorial, 1998.

CARLINI-COTRIM, B. *A escola e as drogas: o Brasil no contexto internacional.* Tese de Doutorado, Faculdade de Psicologia Social, Pontifícia Universidade Católica de São Paulo, 1992.

CARLINI-COTRIM, B.; PINSKY, I. Prevenção ao abuso de drogas na escola: uma revisão da literatura internacional recente. *Cadernos de Pesquisa*, vol. 60, págs. 48-52, 1989.

CAVALIERI, A.L.F.; EGYPTO, A.C. *Drogas e Prevenção: a cena e a reflexão.* 4ª edição, São Paulo: Ed. Saraiva, 2004.

DIMEFF, L.A.; BAER, J.S.; KIVLAHAN, D.R.; MARLATT, G.A. – *Alcoolismo entre estudantes universitários – uma abordagem de redução de danos.* Tradução J.M. Bertolote. São Paulo: Editora Unesp, 2002.

GALDURÓZ, J. C.; NOTO, A. R.; CARLINI, E. A.. *V Levantamento Nacional sobre o consumo de drogas psicotrópicas entre estudantes do ensino fundamental e médio da rede pública de ensino nas 27 capitais brasileiras* – 2004 – Centro Brasileiro de Informações sobre Drogas Psicotrópicas – Departamento de Psicobiologia da Escola Paulista de Medicina – Universidade Federal de São Paulo, 2005.

MINISTÉRIO DA SAÚDE. Coordenação Nacional de DST e AIDS. *Manual de Redução de Danos. Secretaria de Políticas de Saúde.* Série Manuais nº 42, Brasília: 2001.

U.S. DEPARTMENT OF HEALTH AND HUMAN SERVICES, Public Health Service, NIH, National Institute on Alcohol Abuse and Alcoholism. *Updating estimates of the economic costs of alcohol abuse in the United States: Estimates, Update Methods and Data.* 2000. http://pubs.-niaaa.nih.gov/publications/economic-2000/ – acessado em 29/1/2007.

Redução de danos

CLÁUDIA SILVEIRA TONDOWSKI
Colaboração
TATIANA BACIC OLIC

Vamos encarar a realidade. O álcool é uma droga lícita em nosso país. As crianças vêem seus familiares bebendo em casa, os adolescentes são ávidos por novas experiências. Há um verdadeiro bombardeio de propagandas de bebidas alcoólicas. É no mínimo utópico cobrar a abstinência alcoólica dos jovens. Eles vão beber, mesmo que seja apenas para experimentar. Então, o mais sensato, é orientá-los a beber com responsabilidade, de modo a diminuir os riscos associados ao abuso do álcool.

As estratégias de redução de danos visam a prevenir as conseqüências prejudiciais decorrentes do uso de substâncias, sem necessariamente interferir no consumo das mesmas.

Outras estratégias visam a uma diminuição do consumo de drogas através da redução da oferta – como a repressão à produção, ao refino e ao tráfico, ou através da redução da demanda – como as ações de prevenção ao uso de drogas e de tratamento de usuários e dependentes.

A redução de danos complementa esse conjunto de ações que pretendem diminuir os prejuízos sociais e pessoais que podem vir a ser causados pelo consumo abusivo de álcool e outras drogas. Segundo a definição do IHRA[27], redução de danos é um conjunto de:

27. International Harm Reduction Association (Associação Internacional de Redução de Danos)

"(...) políticas e programas que tentam principalmente reduzir, para os usuários de drogas, suas famílias e comunidades, as conseqüências negativas relacionadas à saúde, a aspectos sociais e econômicos decorrentes de substâncias que alteram o temperamento".

STRONACH, 2004

O modelo de redução de danos reconhece a abstinência como resultado ideal, mas aceita estratégias que diminuam os prejuízos, independentemente de uma redução do consumo de substâncias. É uma alternativa de saúde pública que se propõe a encontrar o indivíduo "*onde ele está*" e não "*onde ele deveria estar*". Por outro lado, o modelo moral condena o uso de drogas, especialmente as ilícitas, e busca uma sociedade "*livre de drogas*" principalmente por meio da redução da oferta.

Segundo Tarcísio Matos de Andrade[28], a política de redução de danos é baseada no respeito ao direito do indivíduo de usar drogas. Essa é uma definição muito importante, pois reconhece que o uso de drogas existe e traz conseqüências. A política de redução de danos *não estimula* o consumo, mas não tem como objetivo central a abstinência que, em última instância, é uma possibilidade – a mais segura – de evitar prejuízos relacionados ao consumo de substâncias.

O princípio fundamental da redução de danos é o respeito à liberdade de escolha, visto que muitos usuários não podem ou não querem parar de usar drogas e, nem por isso, devem ser destituídos de seus direitos de cidadão. Quando esses direitos não são reconhecidos pela sociedade, temos uma séria questão de ordem ética: há indivíduos mais cidadãos que outros.

"A pessoa que faz uso de droga – lícita ou ilícita – é, antes e primeiramente, ser humano e cidadão e, dessa forma, portador dos mesmos direitos de um cidadão que não usa droga".

MINISTÉRIO DA SAÚDE, 2001

Sendo assim, qualquer indivíduo, usuário de drogas ou não, deve ter o mesmo direito de acesso aos serviços de saúde, bem como à educação e ao apoio da família e da sociedade. A redução de danos é um caminho viável para a diminuição do estigma e o resgate da cidadania.

Se pararmos para pensar um pouco, veremos que a redução de danos está presente no dia a dia de todos nós. Quando entramos no carro e afivelamos o

---

28. Coordenador do Programa de Redução de Danos do CETAD (Centro de Estudos e Tratamento do Abuso de Drogas), BA.

cinto de segurança, estamos nos protegendo de eventuais danos decorrentes de um acidente de trânsito. Beber água filtrada ou mineral também é uma forma de evitar possíveis danos causados por impurezas contidas na água. Por que não aplicarmos tais estratégias no que diz respeito às drogas?

É importante ressaltar que, pelo fato de o álcool ser uma droga lícita, muitas pessoas acreditam que seja também segura. Ledo engano! O fato de, numa determinada sociedade, uma substância ser lícita ou ilícita está muito mais relacionado a fatores culturais e socioeconômicos do que aos danos que a substância produz. Se não fosse assim, certamente o álcool e o tabaco seriam proibidos. O consumo de álcool pode ser – e na maioria das vezes é – apenas recreativo e não trazer maiores conseqüências pessoais ou sociais. No entanto, apesar de aceito socialmente, o álcool pode, sim, ser muito perigoso – quando usado de forma abusiva.

O modelo de redução de danos baseia-se nos seguintes princípios:

- Privilegia as conseqüências e não os comportamentos propriamente ditos;
- É realista. Admite que o álcool está presente na sociedade e pode causar problemas individuais e sociais;
- Visa à redução dos problemas decorrentes do uso de álcool e não necessariamente à diminuição de seu consumo;
- Propõe políticas públicas e estratégias passíveis de serem realizadas;
- Complementa as estratégias de controle da oferta e da demanda.

Como mostra o diagrama abaixo, na ótica da redução de danos, o foco se desloca do consumo de substâncias para os problemas ocasionados por esse consumo.

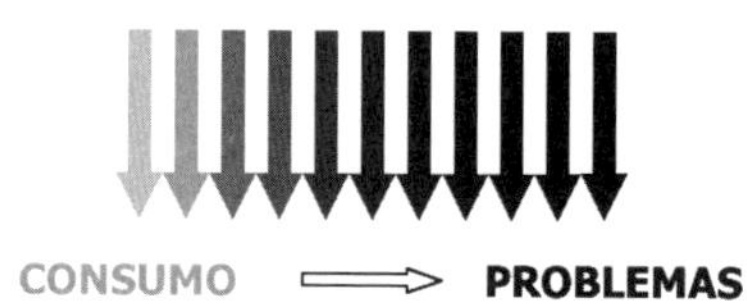

UM POUCO DA HISTÓRIA

A história das estratégias de redução de danos aplicadas à saúde começa em 1926, com Sir Humphrey Rolleston, Ministro da Saúde Britânico. Ele foi o primeiro a defender a administração de heroína para o tratamento de dependentes dessa substância. Mas, só nos anos setenta, algumas instituições internacionais passaram a admitir a necessidade de abordagens mais flexíveis com relação ao uso de substâncias psicoativas.

As estratégias de redução de danos só se intensificaram a partir da década de oitenta, com a necessidade de conter a disseminação de vírus em usuários de drogas injetáveis, pelo compartilhamento de seringas, em especial o HIV e o vírus da hepatite.

História da redução de danos no Brasil:

1980 – Identificação do primeiro caso de Aids no país;

1989 – Em Santos (SP), foi feita a primeira tentativa de implantar um programa de troca de seringas para usuários de drogas injetáveis. Entretanto, houve muitos obstáculos à iniciativa, devido à falta de informação, ou informações errôneas, de que o programa estaria estimulando o uso de drogas;

1992 – Foi implantado o programa de troca de agulhas na Bahia;

1995 – A Coordenação Nacional de DST/Aids passou a apoiar os programas de redução de danos, visando à contenção da disseminação do vírus HIV;

1998 – Em São Paulo foi sancionada uma lei estadual de autoria do deputado estadual Paulo Teixeira, que legalizou a troca de seringas. Esse mesmo passo foi dado por diversos outros estados.

2002 – Foi aprovada a Lei 10.409. Esta determina que "cabe ao Ministério da Saúde regulamentar as ações destinadas à redução de danos sociais e à saúde decorrentes do uso de álcool e outras drogas";

2005 – Foi aprovada a Portaria 1.028, a qual "regula as ações que visam à redução de danos sociais e à saúde, decorrentes do uso de produtos, substâncias ou drogas que causem dependência".

ÁLCOOL E REDUÇÃO DE DANOS

Diversos países adotam políticas públicas para reduzir os danos ocasionados pelo consumo de álcool, como restrições à venda e à publicidade de bebidas alcoólicas e aumentos de tributação e de preço. Também já há algumas iniciativas no sentido de oferecer incentivos fiscais a estabelecimentos que investirem na segurança de seus clientes – os bares seguros.

Os programas de redução de danos desenvolvem estratégias individuais e grupais para minimizar os prejuízos ocasionados pelo álcool, como:

- Fixar previamente os gastos com bebidas alcoólicas, de modo que o indivíduo não beba mais que o planejado;

- Não beber de estômago vazio;
- Alternar bebidas alcoólicas e não alcoólicas;
- Evitar as "maratonas" de bebida.

REDUÇÃO DE DANOS NA ESCOLA

A redução de danos é um modelo de prevenção bem aceito pelos adolescentes, justamente pelo fato de não exigir deles algo a que não estão dispostos – a abstinência. Na escola, essa boa aceitação não só favorece o desenvolvimento das atividades preventivas, como também facilita a formação de multiplicadores do trabalho de prevenção desenvolvido com eles.

> "Dar conta desses assuntos na sala de aula, na escola e na comunidade parece difícil, na medida em que nos defendemos de entrar em contato com essa realidade. Porém, se pensamos no que é mais importante e mais essencial – a vida – fica muito mais fácil, pois, quando interferimos na diminuição dos riscos e no aumento da qualidade de vida de crianças e adolescentes, podemos estar fazendo um investimento para os próximos 50 anos na existência daquela pessoa e da comunidade à qual pertence. Estamos caminhando para além da transmissão da informação e assumindo o compromisso de cuidar também da formação dessas pessoas" (Cavallari, 2000).

Investir na criança e no adolescente é investir no próprio futuro da sociedade em que vivemos.

BIBLIOGRAFIA

CAVALLARI, C. D. Redução de Danos, um Modelo de Prevenção Aplicável em Escolas. In: PINTO, T.; TELLES, I. S. (orgs.) *Aids e a Escola* – Reflexões e Propostas do EDUCAIDS. Pernambuco, São Paulo: Editora Cortez UNICEF, 2000.

DIÁRIO OFICIAL DA UNIÃO. Sessão 1. 04/07/2005. Disponível em: http://www.in.gov.br/materias/xml/do/secao1/1607195.xml

MARLATT, G. A. *Redução de Danos - Estratégias Praticas para lidar com Comportamentos de Alto Risco.* São Paulo: Editora ARTMED, 1999.

MESQUITA, F. Redução de Danos é um Modelo Apropriado para a Escola? In: PINTO, T.; TELLES, I. S. (org.) AIDS e a Escola – Reflexões e Propostas do EDUCAIDS. Pernambuco, São Paulo: Editora Cortez, UNICEF, 2000.

STRONACH, B. Álcool e Redução de Danos. In: *Álcool e Redução de Danos – uma abordagem inovadora para países em transição.* BUNING E.; GORGULHO, M.; MELCOP, A.G.; O'HARE, P. (orgs.). Brasília: Editora MS, 2004.

REDUC – Rede Brasileira de Redução de Danos. *Cartilha de Redução de Danos.* Disponível no site: www.reduc.org.br

OBID – Observatório Brasileiro de Informações sobre Drogas: www.obid.senad.gov.br

MINISTÉRIO DA SAÚDE. Coordenação Nacional de DST e Aids. *Manual de Redução de Danos.* Secretaria de Políticas de Saúde. Série Manuais nº 42, Brasília: 2001.

4. O ADOLESCENTE

ESCOLA E AS DROGAS

A saída do casulo

CLÁUDIA SILVEIRA TONDOWSKI
FERNANDA CARINA LISBOA CAMMAROTA
VALÉRIA YAHN HENRIKSSON

> "(...) Imagina uma caverna subterrânea (...) e uns homens que lá dentro se acham desde meninos, amarrados de tal maneira que tenham de permanecer imóveis e olhar tão-só para frente. (...) *Os prisioneiros tomam as sombras pela realidade.*
> Quando libertados, continuarão a sustentar que as sombras que antes viam eram mais verdadeiras do que os objetos que lhes mostram agora. *Finalmente, verão o Sol e compreenderão sua natureza. Se voltassem à caverna, porém, veriam com muito mais dificuldade que os que ali ficaram*".
>
> *A Alegoria da Caverna*, PLATÃO

Assim é o processo da adolescência. Um momento de intensa descoberta e ampliação do mundo infantil, que passa a envolver um contexto social mais amplo, para além da família. Tal como o homem da *Alegoria da Caverna*, uma vez que o adolescente desperte para esses novos caminhos, não consegue mais ver o mundo através do olhar infantil.

O processo de desenvolvimento não consiste na substituição de etapas da vida. Desde a infância até a morte há um processo evolutivo – ocorrem incorporações de novos hábitos, valores, habilidades; novos padrões de comportamento são adquiridos, e apenas alguns são deixados para trás.

"Descobrir-se adolescente é inaugurar uma série de possibilidades na vida. (...) Significa abrir-se para a descoberta de um mundo interno, para a descoberta da individualidade. Inaugura-se, pela primeira vez, o passado: a infância".

Perosa, 1995

Muitas sociedades marcam a passagem da infância à adolescência com algum tipo de ritual. Esses rituais têm por objetivo sinalizar a passagem do mundo infantil para o mundo adulto. Nas sociedades em que este rito de passagem não acontece de forma clara, percebe-se que o adolescente encontra mais dificuldade em assumir o novo papel que lhe é atribuído. Fica mais propenso à "crise de identidade".

É importante deixar clara uma questão: adolescência é diferente de puberdade. A puberdade pode ser entendida como o conjunto das transformações psicofisiológicas ligadas à maturação sexual. Já a adolescência, caracteriza-se não só por essas transformações, mas também, pelas vivências suscitadas por elas. Envolve ainda a aquisição de valores culturais e sociais que levam à condição adulta. Sendo assim, a adolescência pode ser entendida como um fenômeno cultural e social. Segundo o Estatuto da Criança e do Adolescente (ECA), em seus artigos segundo e terceiro, para efeitos da lei, adolescente é a pessoa entre doze e dezoito anos de idade que goza de todos os direitos fundamentais inerentes à pessoa humana.

A FAMÍLIA ADOLESCENTE

Nos dias de hoje, a família tem se estruturado de formas que fogem à tradicional imagem da família patriarcal predominante até meados do século XX. Devemos entender que hoje a realidade é outra. Em 1990, 30% das famílias eram encabeçadas por adultos sem cônjuge. Não é incomum famílias serem constituídas por dois adultos recém casados e seus filhos adolescentes, ou por um casal de homossexuais, entre outras estruturas familiares.

Independentemente de sua estrutura, a família tem como função atuar como um elo de ligação entre a criança e a sociedade, procedendo como um instrumento facilitador do processo de desenvolvimento.

Desse modo, a adolescência deve ser entendida como um processo da família. Não só o adolescente participará dessas transformações, mas todo o núcleo familiar. Os pais deixarão de ser requisitados a todo o momento, e um novo papel será a eles atribuído: o de possibilitar e assegurar a individualidade e a autonomia de seu filho, facilitando sua caminhada em direção a si mesmo e às possibilidades que o mundo oferece.

> "Quem tenta ajudar uma borboleta a sair do casulo a mata. Quem tenta ajudar o broto a sair da semente o destrói. Há certas coisas que têm de acontecer de dentro para fora."
>
> RUBEM ALVES, 1998

A família, que sempre proporcionou conforto e pertencimento, passa a ser associada a comportamentos infantis, falta de autonomia, falta de liberdade. Os adolescentes querem e precisam experimentar esse novo mundo que se descortina diante deles. Há tantas novidades, tantos atrativos, tantos desafios, tantos medos, inseguranças, incertezas.

Como aponta Perosa, "inaugurar a adolescência é conquistar a própria subjetividade, o que equivale a dizer: conquistar a plenitude da dimensão humana". É nesse momento que o indivíduo se percebe único, singular. Essa solidão normalmente vem acompanhada por uma grande angústia e, para conseguir amenizar esse sentimento, o adolescente busca refúgio no grupo.

O ADOLESCENTE E OS GRUPOS

É de conhecimento de todos que o homem é um ser social. Durante todo o processo de desenvolvimento, sempre convivemos em grupos. O primeiro grupo com o qual temos contato é a família. Na adolescência, a família deixa de ser o principal grupo de referência e o jovem busca, então, um novo lugar, um novo grupo. Neste, o adolescente vai à procura novamente da sensação de pertencimento. Ele se identifica com pessoas da mesma faixa etária, que compartilham do mesmo momento. Busca uma referência – de comportamento, de valores e até de sentimentos.

> "Para começar, andam sempre em bandos, as maritacas e adolescentes. Uma maritaca solitária e um adolescente solitário são aberrações da natureza. Daí o horror que os adolescentes têm da casa: na casa eles estão separados do bando. Havendo cortado o cordão umbilical que os ligava aos pais, eles o substituíram por outro cordão umbilical, o fio do telefone, pelo qual eles se mantêm permanentemente ligados uns aos outros. Eles não conseguem ficar sozinhos, porque sentem muito frio".
>
> RUBEM ALVES, 1998

Dessa maneira, o grupo adolescente serve como base de segurança de onde o jovem pode partir em direção à construção da própria identidade. Além disso, o grupo também serve como veículo de transição da segura vida familiar para a vida independente do mundo adulto.

O ADOLESCENTE E AS DROGAS

O adolescente tem uma necessidade constante de superar a si mesmo, buscar autonomia. Não há nada que impeça um adolescente determinado de ir adiante. Perigos? Diante do encantamento pela vida, não existem perigos! Os adolescentes têm a ilusão de serem inatingíveis, invencíveis! É como se nada pudesse acontecer a eles!

O adolescente é arrebatado por seus desejos. O importante é satisfazê-los. Parece não haver preocupação em relação às possíveis conseqüências – muitas vezes, a seus olhos, elas parecem nem existir. Ele quer ser livre para fazer suas próprias escolhas, tomar suas próprias decisões.

Está imerso no presente, como se não houvesse uma ligação entre o que lhe aconteceu no passado e o que o espera no futuro. O passado foi deixado para trás e o futuro, distante, não lhe pertence.

> "O adolescente não está interessado em fazer a coisa certa; ele está interessado em fazer a coisa *dele*".
>
> Rubem Alves, 1998

Nesse contexto de "invulnerabilidade juvenil" as drogas podem vir a ocupar um papel de destaque na vida do adolescente, aumentando a sensação de poder e força e proporcionando uma falsa diminuição das dificuldades e ansiedades. Assim, a iniciação ao uso de substâncias é basicamente um fenômeno da adolescência, período de intensa experimentação. Entre os jovens brasileiros, o álcool é a droga mais consumida e a primeira a ser experimentada, por volta dos doze anos[28].

Um dos fatores que contribuem para o uso de drogas entre os jovens é o uso de substâncias psicoativas por parte dos pais. Pesquisas apontam que a freqüência de alcoolismo nos pais de adolescentes que fazem uso abusivo de drogas é aproximadamente quatro vezes maior do que a esperada para a população geral. Compreender o uso de substâncias durante a adolescência implica

28.Segundo dados do quinto levantamento nacional, sobre o consumo de drogas por estudantes brasileiros.

em considerar a interação entre características da droga, fatores específicos dessa etapa do desenvolvimento e circunstâncias sociais.

O LIMITE DO PRAZER

A "liberdade individual" é uma das maiores conquistas da sociedade moderna. No entanto, essa liberdade é muitas vezes confundida com o direito de fazer qualquer coisa que vier à cabeça, buscar o prazer a qualquer custo, satisfazer qualquer desejo. Para o homem contemporâneo,

> "(...) pouco importa o sentido de nossas experiências: é sua intensidade que deveríamos avaliar, transformando cada ato e cada instante, numa fonte de excitação, fazendo de nossa vida um constante borbulhar de sensações sem continuidade".
>
> MEZAN, 2005

Dessa maneira, torna-se cada vez mais difícil renunciar a tais desejos e vivenciar as frustrações impostas pela vida. Para fugir dessa realidade, o indivíduo busca as drogas como refúgio, fonte de prazer imediato.

É especialmente na adolescência que as drogas exercem seu maior fascínio. O adolescente quer ser livre. No entanto, é preciso ter em mente que liberdade não é poder fazer o que quiser sem qualquer restrição. Liberdade envolve, além de autonomia com relação aos próprios atos, levar em conta o conjunto de leis e normas impostas pela sociedade. **Ser livre é, antes de tudo, ser responsável.**

BIBLIOGRAFIA

ALVES, R. *Sobre o Tempo e a Eternaidade.* 5ª edição, Campinas: Editora Papirus, 1998.

ARATANGY, L. R. O Desafio da Prevenção. In *Drogas na Escola – Alternativas Teóricas e Práticas.* Aquino, J. G. (org.). São Paulo: Summus Editorial, 1998.

GALDURÓZ, J. C.; NOTO, A. R.; CARLINI, E. A. *V Levantamento Nacional sobre o consumo de drogas psicotrópicas entre estudantes do ensino fundamental e médio da rede pública de ensino nas 27 capitais brasileiras* – 2004 – Centro Brasileiro de Informações sobre Drogas Psicotrópicas – Departamento de Psicobiologia da Escola Paulista de Medicina – Universidade Federal de São Paulo, 2005.

MEZAN, R. Quem Está no Comando? *Revista Veja*, nº 1 886, 5 de janeiro de 2005.

PEROSA, M. *Descobrindo a Si Mesmo – A Passagem para a Adolescência.* São Paulo: Editora Moderna, 1995.

A escola e as drogas: um novo desafio

CLÁUDIA SILVEIRA TONDOWSKI
VALÉRIA YAHN HENRIKSSON

Inúmeras mudanças vêm acontecendo na família nos últimos anos. A emancipação da mulher foi uma das mais importantes, visto que originou grandes transformações no estilo de vida e na dinâmica das relações familiares. Atualmente, tanto o homem quanto a mulher trabalham fora, e os filhos ficam menos tempo na companhia dos pais. A formação do indivíduo, que sempre foi responsabilidade da família, passou a ser também da escola. No entanto, os profissionais da área da educação não foram preparados para assumir uma responsabilidade que antes cabia aos pais.

Hoje, questões como meio ambiente, sexualidade e drogas vêm conquistando espaço nos programas escolares. E os educadores têm sido cada vez mais pressionados pelos pais e pela sociedade a abordar a questão das drogas. Contudo, não são oferecidos subsídios para que esses profissionais possam lidar com o tema de maneira adequada. Os professores até podem ter acesso a materiais de qualidade, mas não se sentem suficientemente seguros para utilizá-los.

Angustiados e preocupados com o tema do uso/abuso de drogas pelos adolescentes, os educadores acabam tomando iniciativas, muitas vezes, improvisadas, com o objetivo de realizar algum tipo de trabalho preventivo. No entanto este, na maior parte das vezes, serve mais para aliviar a angústia do educador do que para fazer frente à questão das drogas em si.

> "A escola – pressionada para ser intransigente, eficiente e rápida diante de um problema que se acredita cada vez mais fora de controle – tem sido palco privilegiado dessas atuações (...) desenvolvidas por profissionais muitas vezes mais aflitos do que propriamente cientes do que estão fazendo".
>
> CARLINI-COTRIM, 1998

Ao propor um trabalho preventivo, temos que ter em mente que as drogas fazem parte do cotidiano dos jovens. Mesmo os que não as usam, convivem com elas em seu círculo social. Outro ponto fundamental é não fazer distinção entre substâncias lícitas e ilícitas – todas são drogas e, conseqüentemente, potencialmente prejudiciais.

O jovem deve ter acesso a informações verdadeiras e não alarmistas. Caso contrário, elas não terão credibilidade e quem as transmite também acabará ficando desacreditado. É preciso informar os adolescentes sem aterrorizá-los, pois só assim eles serão capazes de se apropriar dessas informações, refletir sobre elas e fazer escolhas conscientes.

> "A tarefa de educar é dar base, através de informações, possibilidade de pesquisa e discussão, abordando o assunto e não se abstendo dele".
>
> FIGUEIREDO, 2002

A atitude do professor, quando não preconceituosa, pode estimular a capacidade de percepção, reflexão e articulação dos jovens, contribuindo para que eles tenham uma postura mais cuidadosa com relação a sua vida, seu corpo e sua saúde física e mental.

Os professores são peça fundamental de um programa de prevenção na escola. Devem abordar a questão das drogas relacionando-a com a saúde – tema social e transversal, incluído nos Parâmetros Curriculares Nacionais (PCNs). Devem também estar atentos a qualquer oportunidade que surja em sala de aula, ou até mesmo, nos corredores, quando os alunos, espontaneamente, trazem à tona questões relacionadas ao uso de drogas.

MODELOS DE PREVENÇÃO NA ESCOLA

A abordagem de "Guerra às drogas" utiliza basicamente os modelos do princípio moral e do amedrontamento.

O **modelo do princípio moral** apregoa que o uso de drogas é condenável do ponto de vista ético e moral. Apesar de ter sido usado com sucesso em Cuba após a revolução socialista, atualmente considera-se que, na maioria dos casos, sua prática pode ser contraproducente.

O **modelo do amedrontamento** parte do pressuposto de que a transmissão de informações negativas sobre as drogas é suficiente para persuadir as pessoas a parar ou não começar a usá-las. Esse modelo está fadado ao fracasso, pois muitas vezes os jovens sentem-se atraídos pelo perigo. Além disso, as informações transmitidas perdem credibilidade quando confrontadas com sua experiência direta ou indireta. Afinal, os efeitos negativos evidenciados pelas campanhas geralmente dizem respeito a usuários crônicos.

Por outro lado, na ótica da redução de danos, o trabalho preventivo aposta na capacidade de discernimento do jovem bem formado e informado. Aposta ainda na possibilidade de que os usuários recreativos e ocasionais que queiram continuar usando drogas possam aprender a utilizá-las da forma mais segura possível. No caso do álcool, por exemplo, isso significa adiar o início do consumo, reduzir a freqüência e as quantidades consumidas, consumir em situação segura etc.

Na prática escolar, esse enfoque traduz-se por seis modelos básicos: conhecimento científico, educação afetiva, estilo de vida saudável, pressão de grupo positiva, oferecimento de alternativas e modificação das condições de ensino.

• **Modelo do conhecimento científico:** surgiu da crítica ao modelo de amedrontamento. Oferece informações científicas e imparciais sobre as drogas, para que os jovens possam tomar decisões conscientes. A informação deve ser utilizada como estratégia auxiliar na estruturação de programas de educação preventiva mais amplos;

• **Modelo da educação afetiva:** aborda as dificuldades pessoais e afetivas do jovem e não a questão das drogas em si. É constituído por técnicas que tentam melhorar a auto-estima, a relação com o grupo, a resistência às pressões e auxiliar o indivíduo a suportar suas ansiedades. Vem sendo utilizado há pouco tempo e exige uma mudança da postura do professor em relação ao aluno em sala de aula;

• **Modelo do estilo de vida saudável:** orienta o jovem para a escolha de estilos de vida associados à boa saúde, como alimentação adequada, sexo seguro, evitar estresse, riscos relacionados ao uso de tabaco, álcool e outras drogas. Também são discutidos temas mais gerais como poluição e trânsito.

- **Modelo de pressão de grupo positiva:** propõe o treinamento de líderes naturais entre os adolescentes para atuar no trabalho de prevenção. O maior trunfo está na prevenção primária: pode haver a influência positiva dos colegas antes do início do uso de drogas;

- **Modelo do oferecimento de alternativas:** propicia aos adolescentes outras atividades capazes de suscitar sensações de expansão da mente, alívio do tédio, excitação, prazer e realização pessoal como, por exemplo, atividades esportivas e artísticas;

- **Modelo de modificação das condições de ensino:** considera que a vivência escolar, especialmente na pré-escola e no ensino elementar, é crucial para o desenvolvimento sadio do adolescente. Por isso, a ênfase aqui não recai na prevenção ao abuso de drogas em si, mas na formação global de um jovem saudável. Suas estratégias constituem-se em ações de prevenção à delinqüência, às patologias mentais e ao abuso de substâncias.

O modelo envolve mudanças na estrutura organizacional e decisória da escola, cedendo mais espaço para os alunos, seus pais e a comunidade participarem do planejamento das atividades escolares. Também pode envolver mudanças nas técnicas de ensino, no conteúdo curricular e na relação professor aluno, no sentido de tornar a realidade do jovem e mais prazerosa e eficiente.

Nesse sentido, são propostas atividades que incentivem a cooperação e solidariedade mútua, enfatizando especialmente as relações pessoais entre os alunos.

Outras possibilidades dentro desse modelo são o oferecimento de serviços de saúde gratuitos na escola, voltados para as necessidades dos jovens, como nutrição, problemas de aprendizagem, de estresse ou orientação sexual, entre outros, e o envolvimento dos pais nas atividades curriculares.

> "Nesse sentido, a escola desempenharia de maneira inestimável sua função de formar cidadãos para o futuro se tivesse condições de dar alguma assistência e cobertura aos pais, transformando as reuniões de pais e mestres numa atividade produtiva, de acolhimento de angústias e troca real de informações".
>
> ARATANGY, 1998

Como se vê, há várias possibilidades de atuação na escola sob a ótica de redução de danos.

E todas elas apostam na formação de jovens mais estruturados, mais conscientes, mais questionadores. A ênfase na formação do jovem deve envolver, além dos professores, a comunidade e a família, pois o consumo de álcool muitas vezes tem início em casa e com o aval dos pais. O trabalho preventivo pode contribuir para a formação de jovens bem informados sobre questões que dizem respeito à sua saúde, à sua vida e ao seu cotidiano.

Entretanto, qualquer que seja o modelo preventivo adotado, seu impacto será pequeno e pouco duradouro se ele não estiver vinculado a uma política mais ampla de álcool e drogas.

De fato, o trabalho na escola é importante frente às poderosas forças sociais que favorecem o consumo de álcool. Mas, quando inserida no contexto de uma política abrangente, a educação preventiva pode contribuir significativamente para a sustentação de outras medidas de saúde pública.

BIBLIOGRAFIA

ARATANGY, L. O desafio da prevenção. *In Drogas na Escola. Alternativas Teóricas e Práticas.* Aquino, J. G. (org.). São Paulo: Summus Editorial, 1998.

CARLINI-COTRIM, B. Drogas na Escola: prevenção tolerância e pluralidade. *In Drogas na Escola. Alternativas Teóricas e Práticas.* Aquino, J. G. (org.). São Paulo: Summus Editorial, 1998.

FIGUEIREDO, R. Mª M. D (org). *Prevenção ao Abuso de Drogas em Ações de Saúde e Educação (uma abordagem sócio-cultural e de redução de danos).* 2002. Disponível no site: www.usp.br/nepaids

LORENCINI Jr., A. Enfoque Contextual das Drogas: aspectos biológicos, culturais e educacionais. *In Drogas na Escola. Alternativas Teóricas e Práticas.* AQUINO, J. G. (org.). São Paulo: Summus Editorial, 1998.

MESQUITA, Fábio. Redução de Danos é um Modelo Apropriado para a Escola? In: PINTO, T; TELLES, I. S. (orgs.). *Aids e a Escola – Reflexões e Propostas do EDUCAIDS.* Pernambuco, São Paulo: Editora Cortez, UNICEF, 2000.

5. ENTRE A CERVEJINHA

O ALCOOLISMO

A chegada à escola

CLÁUDIA SILVEIRA TONDOWSKI

Quando pensamos em propor um trabalho de prevenção ao abuso de álcool por adolescentes do Ensino Médio, nossa primeira preocupação foi escolher uma escola que tivesse interesse em participar de um projeto piloto e, também, que pudesse viabilizar o trabalho em termos de sua estrutura física, seus horários e equipe pedagógica disponíveis.

Fizemos uma reunião com diretores de escolas na Diretoria de Ensino e apresentamos nossa proposta. Os diretores presentes mostraram-se muito preocupados com o tema, que gerou uma discussão intensa, na qual foram relatados diversos casos de alunos com sérios problemas relacionados ao álcool. Vários diretores se interessaram pelo projeto e, a partir de sua discussão, indicaram a escola que reunia as melhores condições de acolhê-lo.

O TRABALHO NA ESCOLA

Antes de tudo, era fundamental que todo o corpo docente da escola soubesse quem éramos e o que pretendíamos. Por isso, na semana do planejamento, apresentamos o projeto *Entre a cervejinha e o alcoolismo* a todos os professores. Esse foi o primeiro contato da equipe técnica do projeto com a comunidade escolar.

A partir daí, passamos a realizar reuniões semanais durante o HTPC[29] com cerca de quinze professores interessados no projeto. Embora nossa intenção

29. HTPC – Horário de Trabalho Pedagógico Coletivo

original fosse desenvolver um programa para bebedores de risco, logo nos deparamos com uma pergunta feita pelos professores: mas... e os outros alunos?

Os professores também manifestavam sua preocupação em obter subsídios para lidar mais adequadamente com o tema do álcool e das drogas no seu trabalho cotidiano em sala de aula. Sentiam-se desconfortáveis diante dos questionamentos e comportamentos dos adolescentes relacionados a esse tema.

Diante disso, tornou-se evidente a necessidade de desenvolvermos um trabalho com os professores antes mesmo de entrarmos em contato com os alunos. Era imprescindível que eles apreendessem conceitos como o que são drogas, quais as diferenças entre uso, abuso e dependência, o que é prevenção, quais as principais abordagens preventivas, o que é redução de danos. Esse trabalho seria fundamental para que fosse viável pensar em uma continuidade do projeto depois de nossa saída da escola.

A partir desse momento, os professores foram convidados a participar mais ativamente do projeto e, como imaginávamos, vários deles não tinham disponibilidade para esse trabalho mais intensivo. Contudo, alguns se dispuseram a seguir em frente – cinco professoras, das áreas de Português, Biologia e Química – e participaram do projeto até o seu final. Passamos a realizar encontros semanais, cuja finalidade era familiarizar essas professoras com o projeto a ser desenvolvido e, concomitantemente, acolher as ansiedades que surgiam a partir do seu contato diário com os alunos.

O primeiro passo consistiu em discutir, além dos conceitos, também os preconceitos de cada uma, visto que o tema do álcool, muitas vezes vinha carregado de valores e julgamentos morais. Professores mais seguros em relação ao seu conhecimento do tema e despidos de seus preconceitos, terão melhores condições de oferecer aos alunos informações corretas a respeito do álcool, falar de seus reais perigos, das vantagens de beber com moderação, ou até mesmo de não beber.

Para que o professor possa aproveitar as oportunidades preciosas que surgem no dia-a-dia de seu trabalho com os alunos, é fundamental que ele tenha conhecimento do conteúdo teórico, além de empatia com os jovens e desenvoltura para lidar com as questões relativas ao tema.

Além do trabalho desenvolvido com as professoras, era de suma importância que os funcionários da escola recebessem informações sobre o programa a ser desenvolvido. Os inspetores de alunos, o pessoal da secretaria, da limpeza, da cantina, além de coordenadores e a direção têm um contato diário muito próximo com os alunos e, se não tiverem um conhecimento mínimo da proposta, podem interferir de maneira negativa na sua realização. Infelizmente, não foi possível realizarmos um trabalho conjunto e contínuo com todos os funcionários. No entanto, algumas informações sobre o programa foram transmitidas em conversas informais com vários deles. Não houve a riqueza das discussões em grupo, mas tivemos a oportunidade de colocá-los minimamente a par do que estava acontecendo.

O espaço para esclarecimento de dúvidas e o acolhimento das ansiedades em relação ao tema deve existir em todos os momentos do programa. Isso facilita o trabalho da equipe nas dependências da escola e evita atitudes e comentários preconceituosos em relação aos alunos.

O CONTATO COM OS ALUNOS

Nosso primeiro contato direto com os alunos aconteceu no decorrer de uma Feira da Saúde organizada pela escola. Naquele momento, foi possível conversar com eles de maneira descontraída a respeito do álcool e seus efeitos. Tivemos, assim, a oportunidade de introduzir o trabalho que seria realizado posteriormente.

UM MOMENTO DE REFLEXÃO

O grupo chegou à escola com uma proposta. No entanto, a equipe pedagógica tinha outra demanda: solicitava um trabalho mais amplo, com um maior número de alunos. Além disso, os educadores sentiam necessidade de mais informação, para que ficassem mais seguros com relação a temas como o abuso de substâncias e o relacionamento professor/aluno, o que fez com que alterássemos nosso projeto original. Certamente, essa mudança possibilitou um grande enriquecimento do trabalho e um maior envolvimento dos professores.

Um programa de intervenção deve ter uma estrutura prévia e, ao mesmo tempo, flexibilidade suficiente para adaptar-se às necessidades dos envolvidos. Não se pode impor um projeto sem ouvir a comunidade que, teoricamente, será beneficiada por ele. É necessário ter habilidade para conciliar os objetivos do projeto com os interesses de sua população alvo, de modo a estabelecer com ela uma parceria integrada e coesa.

Um programa sob medida

VALÉRIA YAHN HENRIKSSON

Atendendo ao pedido de seus professores, propusemo-nos a desenvolver um conjunto de atividades voltadas a todos os alunos da Primeira Série do Ensino Médio de uma escola pública. O desafio era criar um programa de prevenção primária afinado com os princípios fundamentais da redução de danos e do nosso projeto e que pudesse ser desenvolvido em sala de aula.

Após um intenso trabalho em parceria com as professoras mais diretamente envolvidas no projeto, construímos um programa de prevenção que consiste em três momentos distintos. No primeiro, o objetivo principal é estabelecer um vínculo de confiança com os jovens e abrir a possibilidade de um diálogo franco com eles. O segundo momento é constituído de atividades de caráter mais informativo, relacionadas às experiências dos adolescentes com o álcool. Já o terceiro, visa à consolidação dos conceitos já vistos e à integração das atividades anteriores. Pretende ainda, estimular os jovens a uma reflexão sobre sua relação com as bebidas alcoólicas.

UM DIÁLOGO INDISPENSÁVEL

Para começar, era necessária uma atividade que facilitasse a criação de um vínculo de confiança entre a equipe e os alunos e que, ao mesmo tempo, os preparasse para o tema a ser abordado. Para tanto, utilizamos uma dinâmica de grupo, proporcionando uma discussão aberta entre os jovens.

É importante trabalhar com o adolescente em seu contexto, levando em conta sua necessidade de ser aceito e de fazer parte de um grupo. Porém, muitas vezes, o grupo tem valores que levam o jovem a tomar atitudes prejudiciais à sua saúde, por exemplo, beber na noite anterior a uma prova importante ou entrar em competições para ver quem agüenta beber mais. Em alguns grupos, é considerado forte e, portanto, admirado aquele que é capaz de beber muito sem passar mal.

Essa primeira etapa é imprescindível, pois evidencia a maneira como os adolescentes se relacionam com o álcool e o quanto a opinião do grupo interfere em seu comportamento. Afinal, para alguns jovens é mais importante ser aceito pelos amigos do que evitar uma situação de risco.

CONVERSANDO SOBRE O ÁLCOOL

O segundo momento consiste em atividades em que o adolescente trabalha com as relações entre o consumo de álcool e os efeitos correspondentes no organismo. Através de um *software* interativo, os alunos têm a possibilidade de adquirir informações importantes de maneira lúdica. Este instrumento é um grande facilitador da relação com o jovem, visto que desperta o interesse e propicia maior apreensão dos conteúdos apresentados, como tolerância, dependência e diferenças de gênero no que se refere aos efeitos do álcool no organismo. Discutem-se também as relações entre a quantidade de bebida alcoólica ingerida e a taxa de álcool no sangue e como fazer para controlá-la, de modo a não ficar embriagado sem o desejar. O objetivo central dessa atividade é trabalhar com o jovem a possibilidade de beber de modo consciente e menos prejudicial à sua saúde e integridade física, instrumentalizando-o para um consumo responsável.

CONSOLIDANDO CONCEITOS

No último encontro, é feita uma síntese de tudo o que foi desenvolvido e discutido anteriormente. É um momento de retomada e de reforço dos conceitos, quando finalmente mostramos a que viemos de maneira clara e direta. Nesse momento, os jovens são convidados a refletir sobre seu comportamento em relação ao álcool, a partir das informações recém-adquiridas.

Com o objetivo de tentar avaliar a aceitação do programa entre os adolescentes, perguntamos a eles o que tinham achado do trabalho desenvolvido. Veja abaixo algumas respostas:

"Eu acho que vocês deveriam continuar fazendo esses programas que ajudam a conscientizar os adolescentes".
"Achei muito interessante esse trabalho, pois pode informar e ajudar bastante os jovens".
"Eu acho o trabalho de vocês muito legal! Continuem assim, se preocupando com o jovem de hoje, que está decaindo cada vez mais. É muito importante sabermos de tudo isso".

É muito difícil saber o quanto esse conhecimento será ou não incorporado à vida desses jovens. Mas, com certeza, alguma coisa do que foi dito, seja por membros da equipe, ou por um colega, acaba sendo apreendida. E possivelmente o ajude a encontrar alternativas menos prejudiciais para sua maneira de se relacionar com o álcool.

BIBLIOGRAFIA

DIMEFF, et. al.. *Alcoolismo entre estudantes universitários: uma abordagem de redução de danos* – BASICS, 1999. Tradução J. M. Bertolote. – São Paulo: Editora Unesp, 2002.

Site: Álcool e Drogas sem Distorção http://72.21.62.210/alcooledrogas/

A fonte de inspiração

TATIANA BACIC OLIC

Nos tempos atuais há, na maioria dos países, uma grande preocupação em relação ao abuso de álcool por seus adolescentes e adultos jovens. Diante dessa realidade, muitos programas de prevenção e políticas públicas vêm sendo elaborados para prevenir e/ou reduzir o consumo de álcool pelos jovens.

O PROGRAMA DA UNIVERSIDADE DE WASHINGTON

O Centro de Pesquisas em Comportamentos de Dependência da Universidade de Washington desenvolveu um programa de triagem e intervenção breve para universitários, o BASICS[30]. É um programa de prevenção indicada, voltado a jovens que já apresentam evidências detectáveis de problemas com o álcool. Sua principal meta não é abstinência ou a diminuição do consumo de bebidas alcoólicas, mas a redução dos comportamentos de risco e dos danos decorrentes desse consumo.

O programa pressupõe que muitos estudantes não dispõem de informações sobre os efeitos do álcool no organismo, e que certos momentos do desenvolvimento – por exemplo, separar-se dos pais e assumir atividades de adultos – contribuem para a ingestão pesada de bebidas alcoólicas. Considera ainda que influências sociais, como ter amigos que bebem em excesso e o padrão cultural do "beber até cair", facilitam o consumo pesado de bebidas alcoólicas pelos jovens.

---

30. Brief Alcohol Screening and Intervention for College Students

Os principais objetivos do BASICS são: detectar situações de consumo de alto risco, fornecer informações sobre o álcool, identificar fatores pessoais de risco, desmitificar as expectativas positivas em relação ao álcool, definir objetivos de consumo mais seguros e manejar situações de alto risco.

Em linhas gerais, o trabalho é desenvolvido em quatro fases: triagem, entrevista de avaliação inicial, entrevista devolutiva e entrevistas de acompanhamento (*follow-ups*). Na triagem, é feito um levantamento, em toda a população de estudantes, do padrão de uso de álcool, além dos problemas relacionados a esse uso. Os jovens que bebem exageradamente, e por isso se expõem a uma série de riscos, são convidadas a participar da segunda fase do programa, as entrevistas de avaliação inicial.

Cada entrevista consiste de uma sessão de cerca de 50 minutos, na qual são feitas a coleta de dados psicossociais e uma avaliação detalhada dos hábitos de consumo de álcool. Ao término da entrevista, o estudante recebe a tarefa de monitorar seu consumo de bebidas alcoólicas durante, pelo menos, uma semana. A informação assim obtida servirá como material para a entrevista devolutiva, na próxima fase.

A entrevista devolutiva é marcada para uma ou duas semanas depois, para que o jovem possa monitorar uma boa amostra de seus episódios de consumo. Durante essa sessão, o estudante recebe um *feedback* personalizado sob a forma de gráficos, tabelas e dicas e o discute com o entrevistador. A entrevista devolutiva desenvolve-se a partir desse conjunto de informações, e também, das trazidas pelo estudante no cartão de auto-monitoramento. Seu objetivo é propiciar ao jovem a possibilidade de avaliar sua maneira de se relacionar com o álcool e decidir se quer ou não modificá-la.

Os *follow-ups* constituem a quarta e última fase do programa. São realizados após seis meses, um e dois anos da primeira entrevista. Cada *follow-up* consiste numa entrevista semelhante à inicial e na reaplicação dos mesmos questionários, para acompanhar o estudante, reavaliar seu consumo de bebidas alcoólicas e os problemas decorrentes desse consumo.

Esse programa obteve como resultados uma redução significativa do consumo de álcool e dos problemas associados a esse consumo, e uma diminuição dos sinais de dependência de álcool entre os universitários participantes (Baer, 1993).

No Brasil, o BASICS vem sendo desenvolvido desde 2000, como parte do Projeto Viver Bem[31] da Unesp[32], campus de Botucatu. Adaptar essa metodologia para o Ensino Médio foi o nosso desafio.

31. http://www.viverbem.fmb.Unesp.br/
32. Universidade Estadual Paulista

BASICS COM ESTUDANTES DO ENSINO MÉDIO

Como vimos, o BASICS começa por uma avaliação dos jovens quanto a seus hábitos relacionados ao consumo de bebidas alcoólicas e aos problemas decorrentes desse consumo. No programa da Universidade de Washington, os estudantes preenchem um questionário postal sobre o uso de álcool quando ainda estão no ensino médio, antes de entrar na universidade. Os estudantes considerados bebedores de risco são convidados a participar do programa quando ingressam na universidade.

No programa que desenvolvemos, a triagem foi feita por meio de um questionário de aplicação coletiva em sala de aula. Foram considerados bebedores de risco os jovens que relataram o consumo de pelo menos cinco doses de bebida numa mesma ocasião no último mês, ou referiram a ocorrência de dois ou mais problemas associados ao uso de álcool nos últimos seis meses.

Todos os alunos selecionados como bebedores de risco foram convidados a participar do programa, assim como alguns abstêmios ou bebedores eventuais. Isso foi feito por questões de ordem ética, para não estigmatizar os participantes do programa perante os colegas, professores e funcionários da escola.

As entrevistas eram, em sua estrutura, semelhantes às da Universidade de Washington já descritas, e foram realizadas por psicólogos previamente capacitados para trabalhar no programa. Essas entrevistas eram feitas durante o horário de aulas dos alunos, com a autorização dos professores e da direçao da escola. Em datas e horários pré-estabelecidos, os entrevistadores dirigiam-se às salas de aula e convidavam os alunos selecionados a acompanhá-los a um local reservado, onde pudessem conversar com privacidade.

Embora inicialmente relutassem em participar das atividades propostas, aos poucos os alunos iam percebendo que não se tratava de "lição de moral" e que estavam frente a uma oportunidade de realmente refletir sobre a questão do beber excessivo e de esclarecer suas dúvidas a respeito do próprio consumo de bebidas alcoólicas.

BIBLIOGRAFIA

BAER, J.S. Etiology and secondary prevention of alcohol problems with young adults. In BAER ,J.S., MARLATT ,G.A., MCMAHON, R.J. *Addictive behaviors across the lifespan prevention, treatment and policy issues sage public*, 1993.

DIMEFF,L.A.; BAER, J.S.; KIVALAHAN, D.R.; MARLATT, G.A., 1999. *Alcoolismo entre estudantes universitários: uma abordagem de redução de danos* – BASICS. Tradução J. M. Bertolote. – São Paulo: Editora Unesp, 2002.

Com a palavra, o professor!

JANETE ZALCSZTAJN[33]

Hoje vivemos em um mundo muito complicado, de muitas mudanças e adaptações. Com a grande disponibilidade de informações precisamos ser muito rápidos na captação destas e estar sempre atualizados.

Dentro deste contexto, o papel do educador torna-se cada dia mais especial: *além de informar, também temos a responsabilidade de formar cidadãos.* O trabalho na escola deixou de se vincular unicamente ao conteúdo programático e passou a envolver mais diretamente temáticas do dia-a-dia, como as medidas de prevenção para sexo seguro e informações sobre a problemática das drogas, entre outras.

O trabalho com adolescentes em sala de aula vem ficando cada dia mais complexo, principalmente quando se trata do problema das drogas e do álcool. Os alunos são questionadores e buscam dos professores respostas que eles, se não estiverem atualizados e informados, não conseguirão lhes dar. Como a maioria dos educadores não é especialista no assunto, nada melhor do que termos um projeto como esse na escola, para capacitar os educadores a lidar mais adequadamente com essa questão, de modo a favorecer resultados satisfatórios com os alunos.

O professor deve aproveitar a relação que tem com seus alunos para se tornar uma fonte confiável, capaz de falar sobre temas atuais de maneira neutra, fornecendo informações sem se ater a julgamentos morais, mas estimulando a crítica e a tomada consciente de decisões.

33. Uma das professoras envolvidas no programa.

O projeto "Entre a cervejinha e o alcoolismo", oferecido pela equipe de psicólogas, atinge este objetivo. É um programa de prevenção viável em nossa realidade que visa à redução de danos associados ao abuso de álcool. Adota a postura do beber responsavelmente, trabalhando a conscientização dos nossos alunos, orientando-os a não se expor a situações de risco, proporcionando uma mudança no hábito de consumo e conseqüente melhora no seu dia-a-dia. Afinal, os alunos passam muito mais tempo na escola do que nas demais esferas sociais e precisam desse suporte. O ideal seria que todas as escolas incluíssem esse tipo de projeto em seus currículos porque ele realmente faz a diferença na postura dos alunos, como tivemos o privilégio de verificar na nossa escola.

O importante é acreditar que o professor é capaz de mudar essa realidade. O que não podemos é ficar esperando as mudanças acontecerem sem fazermos nada pelos nossos alunos. **Negar que o problema existe e está diante de nós não é a solução. Encará-lo e instrumentalizar-se para lidar com ele é a melhor saída.**

6. A SAIDEIRA

Álcool e saúde pública

HILDA REGINA FERREIRA DALLA DÉA
CLÁUDIA SILVEIRA TONDOWSKI
FERNANDA CARINA LISBOA CAMMAROTA
VALÉRIA YAHN HENRIKSSON

AS CONSEQÜÊNCIAS DO ABUSO DE ÁLCOOL NÃO ATINGEM APENAS QUEM BEBE EM EXCESSO

A maioria das pessoas reconhece o alcoolismo como uma possível conseqüência do consumo de bebidas alcoólicas. Por outro lado, os prejuízos imediatos do uso abusivo de álcool, isto é, as conseqüências negativas da embriaguez raramente são percebidas pelas pessoas como relacionadas ao consumo de álcool.

Dados da Organização Mundial de Saúde indicam que pelo menos a metade dos problemas relacionados ao álcool pode ser atribuída à embriaguez aguda. Esses problemas atingem não só os dependentes de álcool, mas qualquer pessoa que, por beber demasiadamente, envolve-se em atos de violência, sexo desprotegido, acidentes causados por motoristas ou pedestres embriagados, quedas, ferimentos e mortes, envenenamento acidental, suicídio e abandono do emprego, entre outros.

O consumo de bebidas alcoólicas representa um grave problema de saúde pública em praticamente todo o mundo. No Brasil, dados preliminares do II Levantamento Domiciliar mostram um aumento do consumo de álcool em faixas etárias cada vez mais precoces. Em 2001, o número de dependentes na faixa de 12 a 17 anos era de 5,2% e, em 2005 passou a 7%.

Na população adulta, o número de dependentes passou de 11,2% em 2001 para 12,3% em 2005. O baixo custo das bebidas alcoólicas e a facilidade de acesso certamente contribuem para esse aumento rápido.

Um estudo sobre comportamentos de saúde entre jovens estudantes da área metropolitana do estado de São Paulo revelou que 25% dos estudantes da rede privada e 10% da pública relataram consumo de risco de bebidas alcoólicas.

A idade de início é mais precoce e o consumo de bebidas alcoólicas pelos idosos também é alto, como sugere um estudo realizado com idosos atendidos em ambulatório de Geriatria na cidade de São Paulo[34], no qual 15% deles eram dependentes de álcool.

O conjunto desses resultados é extremamente preocupante – um número significativo de brasileiros apresenta problemas relacionados ao consumo de bebidas alcoólicas. Muitas pessoas têm uma imagem negativa dos programas de prevenção e de controle sobre a venda de bebidas, pois acreditam que o controle sobre a disponibilidade de bebidas alcoólicas restringe, injustamente, a liberdade individual da vasta maioria da população, que bebe de forma responsável. Essa idéia é estimulada pelos fabricantes de bebidas alcoólicas.

Entretanto, quando o Estado não regula o mercado, não é a liberdade individual que prevalece, mas o grande poder econômico da indústria de bebidas. E, como revelam as estatísticas, qualquer pessoa – mesmo quem não bebe – corre o risco de ter um problema relacionado ao consumo de bebidas alcoólicas, como ser vítima de um acidente de trânsito ou de um ato violento em conseqüência da embriaguez de uma outra pessoa. Por isso, as ações de prevenção e controle da disponibilidade do álcool terão efeito sobre toda a sociedade. Essas medidas têm como foco os interesses da própria sociedade, na medida em que a protegem dos danos ocasionados pelo consumo abusivo de bebidas alcoólicas.

Há ainda quem acredite que as pessoas que bebem em excesso não são influenciadas pelas políticas gerais de controle. Entretanto, estudos epidemiológicos evidenciam que o controle da disponibilidade do álcool tem como resultado mais freqüente uma redução dos crimes violentos e das internações hospitalares relacionadas ao álcool – resultados favoráveis a toda a sociedade.

---

34. Hirata ES, Almeida OP, Funari RR , Klein EL. Alcoholism in a geriatric outpatient clinic of São Paulo-Brazil. Int Psychogeriatr.1997;9(1):95-103.

A IMPORTÂNCIA DA MÍDIA

A questão das drogas lícitas ou ilícitas é muito complexa. Por isso, quando se pretende incentivar um olhar crítico sobre ela, é necessário pensar no contexto no qual essas substâncias são consumidas, assim como no universo de quem as consome. O trabalho da mídia é fundamental para a difusão de informações e a consolidação da cidadania. Ele pode dar contribuições decisivas para a discussão a respeito de temas socialmente relevantes, como o abuso de álcool e tabaco.

Há relativamente poucos estudos científicos sobre a presença de referências a drogas na imprensa brasileira, mas um estudo realizado pela Unifesp em 2003[35] já indica um evidente descompasso entre o padrão de consumo das diversas substâncias lícitas e ilícitas em nosso país e sua importância relativa na mídia. A imprensa dá uma ênfase desproporcionalmente grande a informações sobre as drogas ilícitas, especialmente maconha, cocaína e *ecstasy*, em detrimento das drogas lícitas, como o álcool e o tabaco. E isso ocorre mesmo quando são consideradas apenas as matérias sobre o impacto do uso dessas substâncias sobre a saúde e o bem estar e excluídas as que tratam de apreensões de drogas ilícitas e prisões de traficantes. Assim, por um lado, a população recebe um grande número de informações sobre a violência relacionada ao tráfico e aos perigos das drogas ilícitas e, por outro, é alvo de sofisticadas campanhas publicitárias que estimulam a venda de bebidas alcoólicas, que as associam ao prazer, à alegria e ao bem-estar.

Como formadora de opinião e de hábitos de consumo, a mídia vem sendo pouco utilizada no trabalho preventivo. O aproveitamento de seus recursos pode desempenhar um papel significativo na implementação de uma política de álcool responsável em nosso país. É essencial a parceria entre os jornalistas e os especialistas em prevenção para que se encontre o equilíbrio, e a mídia possa disponibilizar à sociedade elementos que favoreçam o debate esclarecido sobre questões importantes de saúde pública como o abuso de álcool. Trata-se de um problema que diz respeito a todos os cidadãos. E deve, portanto, ser pensado por todos.

Em 2001, os gastos em publicidade de bebidas alcoólicas na mídia foram de aproximadamente 106 milhões de dólares. Destes, 80% foram gastos com propagandas de cerveja, que representa 85% do consumo de álcool. Pesquisas apontam para associações significativas entre o consumo de álcool por adolescentes e a publicidade de bebidas alcoólicas.

Nesse contexto, a mídia, especialmente a Mídia Jovem[36], pode atuar como agente de prevenção, assumindo uma postura crítica que favoreça a tomada

---

35. Noto et. al.

36. Entende-se por Mídia Jovem os suplementos de jornais e as revistas direcionadas ao público adolescente.

de decisão dos jovens, defendendo-os do ataque maciço da publicidade dirigida a eles. Tem, por um lado, o privilégio de falar diretamente ao público adolescente e, por outro, a enorme responsabilidade de conciliar informação e educação. Para tanto, é imprescindível adotar uma postura consciente e não sensacionalista.

Falar sobre o consumo de álcool enfatizando *apenas* os problemas de saúde associados a ele é uma forma de afastar os adolescentes de qualquer possibilidade de diálogo. Para os jovens, esse tipo de informação não propicia uma tomada de consciência a respeito dos perigos aos quais se expõem, nem favorece qualquer mudança de comportamento. Contudo, o extremo oposto também é perigoso. As campanhas publicitárias de bebidas alcoólicas associam o hábito de beber a situações positivas, alegres, descontraídas, assim como a festividades nacionais, como o carnaval. Para estimular o consumo, vende-se uma falsa imagem de felicidade e realização. A vinculação da bebida a situações do nosso cotidiano acaba por normatizar o consumo de álcool. Assim, a indústria de bebidas procura atingir seus objetivos comerciais, aumentar seus lucros, ampliar seus mercados. Seu poder econômico é enorme e seus métodos de convencimento e de *lobby*, muito eficientes.

ÁLCOOL – UM PROBLEMA DE SAÚDE PÚBLICA

O abuso de drogas tem um custo social muito alto, que se estende para além dos danos individuais, podendo comprometer a estabilidade das estruturas sociais e culturais. Está relacionado ao aumento da mortalidade e da morbidade[37] e à diminuição da vida produtiva e da qualidade de vida. Por isso, o consumo de substâncias psicoativas caracteriza-se como um grave problema de *saúde pública* em todo o mundo.

Diferentemente do atendimento clínico, que tem como foco solucionar problemas individuais, a Saúde Pública lida com grupos de indivíduos ou com toda a população. A importância de medidas de saúde pública para as políticas de drogas é sua capacidade de identificar riscos, vulnerabilidades e grupos mais suscetíveis e de propor intervenções adequadas que beneficiem o maior número de pessoas.

É difícil ter uma noção exata dos custos relacionados ao uso e abuso de drogas lícitas e ilícitas. Entretanto, podemos obter uma estimativa se considerarmos,

37. Em Epidemiologia, morbidade é a taxa de portadores de determinada doença em relação ao número de habitantes.

principalmente, os gastos com tratamento, a perda de produtividade dos trabalhadores e as perdas sociais decorrentes de mortes prematuras.

Segundo dados da Organização Mundial de Saúde, nos Estados Unidos, em 1998, os custos do abuso de álcool e alcoolismo, foram da ordem de 185 bilhões de dólares. Em quase todo o mundo, os transtornos mentais associados ao consumo de substâncias psicoativas, como as psicoses alcoólicas e por drogas, e as síndromes de dependência do álcool e de outras drogas são o primeiro motivo de internações psiquiátricas. No Brasil, entre os anos de 1988 e 1999, o álcool foi responsável por 90% das internações decorrentes do uso indevido de drogas. Informações do DATASUS indicam um aumento de 12% nos gastos públicos destinados ao tratamento de doenças relacionadas ao abuso de álcool no triênio de 1998 a 2001. Entre os anos de 1995 e 1997, o alcoolismo ocupou o quarto lugar no *ranking* das doenças que mais incapacitam.

Enquanto as substâncias ilícitas chamam mais a atenção da mídia, da população e das autoridades governamentais, são as drogas lícitas – álcool e tabaco – as responsáveis pelos maiores prejuízos tanto individuais quanto sociais. Mais do que todas as drogas ilícitas juntas! Mas, enquanto hoje em dia o tabagismo vem recebendo uma atenção crescente, ainda são isoladas e tímidas as iniciativas voltadas à prevenção do abuso de álcool e do alcoolismo no nosso país.

Segundo estudo realizado, pela Federação das Indústrias do Estado de São Paulo (FIESP) em 1993, o alcoolismo gera três vezes mais licenças médicas do que os outros problemas de saúde, aumenta em cinco vezes as chances de acidentes de trabalho e em oito vezes a utilização de diárias hospitalares e leva as famílias a recorrer em três vezes mais às assistências médica e social.

O consumo de álcool afeta praticamente todos os órgãos do corpo humano e está diretamente associado a mais de sessenta enfermidades, incluindo doenças crônicas como a dependência do álcool, a cirrose hepática e o câncer, além de problemas agudos de saúde, como acidentes e mortes, o que corresponde a um custo social significativo – 3,2% de todas as doenças no mundo e cerca de 8% no Brasil. Também está relacionado à cerca da metade dos acidentes de trânsito, 80% dos casos de agressão física e 30% dos homicídios.

A Figura 1 mostra o número de pessoas afetadas pela carga global de doenças associadas ao uso de álcool no mundo, por grupo de idade e gênero, em 2001. Essas doenças incluem condições neuropsiquiátricas, além de doenças cardiovasculares, cirrose hepática, diabetes e lesões intencionais ou não.

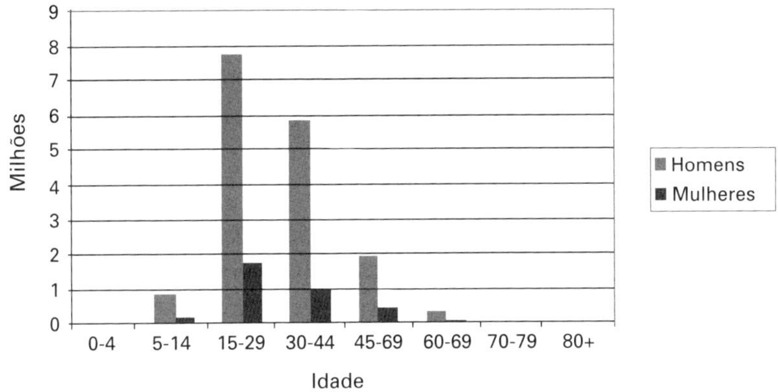

Figura 1. Número de pessoas afetadas pelas doenças associadas ao uso de álcool no mundo, por grupo de idade e gênero, em 2001 (Organização Mundial de Saúde, 2004).

Além dos numerosos danos à saúde, o consumo de álcool também é responsável por extensos prejuízos emocionais e sociais, que afetam diretamente os ambientes de trabalho e as relações interpessoais. A incapacidade de lidar com o trabalho, a família e os outros papéis sociais, bem como os danos infligidos às pessoas próximas, afetam o bem-estar de todos os envolvidos, contribuindo para um comprometimento de sua qualidade de vida.

Segundo estimativas da Organização Mundial de Saúde, dois bilhões de pessoas no mundo consomem bebidas alcoólicas. Dessas, 76,3 milhões apresentam doenças ou distúrbios causados por esse uso. O álcool mata 1,8 milhão de pessoas por ano, no mundo.

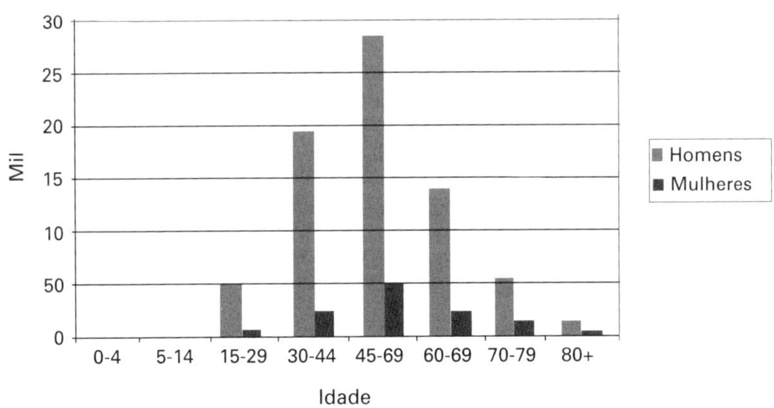

Figura 2. Mortes associadas ao uso de álcool no mundo, por grupo de idade e gênero, em 2001 (Organização Mundial de Saúde, 2004).

Dados da OMS de 2002 mostram que o consumo de álcool é o terceiro maior fator de risco à saúde nos países desenvolvidos, atrás apenas do tabaco e da hipertensão. Na Europa, por exemplo, foi responsável pela morte de 55.000 pessoas entre 15 e 29 anos, no ano de 1999.

Esses dados apontam, cada vez mais, para a necessidade do desenvolvimento de estratégias e ações que possam minimizar os danos relacionados ao abuso de bebidas alcoólicas.

POLÍTICAS PÚBLICAS

As políticas públicas consistem num conjunto de medidas econômicas, sociais e ambientais implementadas pelo governo nos âmbitos federal, estadual ou municipal, em parceria ou não com a sociedade civil, para atender demandas específicas de grupos sociais.

Um dos primeiros passos para se formular uma política pública é identificar o problema e suas causas. Depois, estabelecem-se metas, definem-se programas e desenvolvem-se projetos específicos para cada área de atuação. Em seguida, há a definição das atividades e a disponibilização de recursos humanos e financeiros para atingir as metas. Normalmente, as políticas públicas são resultantes da pressão de setores da sociedade sobre o governo.

Não temos, no Brasil, uma tradição de movimentos sociais preocupados com a questão do abuso de álcool, muitas vezes considerada apenas uma questão individual ou da área médica. Entretanto, alguns poucos movimentos sociais já se fazem notar, como o Movimento Propaganda sem Bebida[38], que articula entidades da sociedade civil, como universidades, serviços de saúde, associações médicas, conselhos profissionais, sindicatos, sociedades de bairros, igrejas e ONGs.

Outra maneira efetiva de pressionar o governo são os consensos. O termo "consenso" é utilizado para indicar as situações nas quais especialistas e autoridades da área em que se pretende implementar intervenções, apresentam evidências que explicitam e justificam a importância da adoção dessas medidas.

Com relação ao uso de drogas, existe a necessidade de estratégias e políticas públicas que tenham por objetivo minimizar as conseqüências adversas desse uso, que representam prejuízo potencial para o indivíduo, para o gru-

---

38. http://www.propagandasembebida.org.br/

po social em que ele está inserido e para toda a sociedade. O grande desafio de uma política pública de drogas é criar medidas que levem à redução dos danos associados ao consumo de substâncias, assim como à redução da oferta e da demanda.

AS POLÍTICAS DO ÁLCOOL

São consideradas políticas do álcool, as políticas públicas – leis, regulamentações e decisões oficiais – que visam a minimizar ou prevenir as conseqüências do consumo de bebidas alcoólicas, de forma a reduzir seu enorme impacto sobre a saúde e o bem estar social. Políticas abrangentes, como o controle sobre a disponibilidade de álcool, podem efetivamente reduzir os efeitos prejudiciais do consumo de bebidas alcoólicas sobre a saúde pública. Mas, para serem efetivas, devem ser complementadas por medidas de dissuasão e fiscalização, como, por exemplo, os testes do nível alcoólico no sangue de motoristas (bafômetro).

Atualmente, o controle da disponibilidade de álcool é uma questão polêmica, principalmente, pelo fato de que, no Brasil, o álcool é um produto lícito e socialmente aceito, cujo consumo é estimulado por intensa propaganda. Assim, muitos consideram que as medidas para seu controle seriam pouco democráticas. O fato é que, nas últimas décadas, cada vez mais as drogas, sejam elas licitas ou ilícitas, vêm se caracterizando como produtos que, numa sociedade de consumo, possuem mercado e marketing próprios. Mas, como demonstram inequivocamente os resultados de pesquisas sobre seus efeitos sobre a saúde dos indivíduos e da sociedade como um todo, o álcool não é[39] um produto qualquer.

Mas, quem é o responsável pela política do álcool? Isso varia de um país para outro e até no mesmo país, nos diferentes níveis de governo. Entretanto, o essencial é uma base nacional legislativa e regulamentadora, que promova medidas efetivas para reduzir os problemas associados ao consumo de bebidas alcoólicas. As políticas públicas devem servir, acima de tudo, ao bem comum.

Mas, por outro lado, a indústria de bebidas alcoólicas gera impostos, empregos e renda e está envolvida na defesa de seus próprios interesses comerciais. Por isso, para a definição e implementação de políticas do álcool, é necessário

39. Como enfatizam Thomas Babor e um grupo de especialistas da área em *Alcohol – No ordinary commodity* – livro publicado em 2003, em colaboração com a Organização Mundial de Saúde.

buscar um equilíbrio entre esses interesses. Daí a importância da participação ativa da sociedade civil, através de associações e organizações não-governamentais que trabalham para o interesse público.

AS POLÍTICAS FUNCIONAM? A EXPERIÊNCIA INTERNACIONAL

A partir da análise de todas as evidências obtidas nos últimos trinta anos sobre as políticas públicas desenvolvidas em relação ao álcool em diversos países, a Organização Mundial de Saúde chegou a duas conclusões principais:

- Sem margem à dúvida, existem medidas de eficácia comprovada para reduzir os custos e os danos relacionados ao uso de álcool, visando ao bem comum;
- É possível desenvolver estratégias que influenciam tanto a quantidade de álcool consumida por uma comunidade quanto os comportamentos de consumo e os contextos de alto risco, que causam problemas relacionados ao álcool.

Várias estratégias podem reduzir, de maneira significativa, os problemas relacionados ao consumo de álcool, como o aumento de preços e impostos, a regulamentação da disponibilidade de bebidas alcoólicas e a modificação do contexto de beber, além das estratégias direcionadas ao beber e dirigir.

Os *preços* e *impostos* sobre as substâncias psicoativas são uma ferramenta importante de política pública. Além de gerar receita, os lucros podem ser utilizados em programas de tratamento e prevenção que visem à redução dos danos causados pelo consumo indevido. Pesquisas internacionais mostram que existe uma relação inversamente proporcional entre o aumento do preço e o consumo: quanto maior o preço, menor o consumo e quanto menor o preço, maior o consumo, principalmente entre bebedores pesados e adolescentes, que são mais suscetíveis à variação de preço. No Canadá, por exemplo, nas províncias de Quebec e Ontário, a fixação de preços mínimos para a cerveja constituiu-se numa importante medida preventiva que produziu resultados positivos para a saúde e para a segurança pública. Mas a estratégia de aumento de preços esbarra em um limite que, se ultrapassado, pode estimular o contrabando e a fabricação e/ou a venda ilegal de bebidas.

A *regulamentação da disponibilidade* inclui uma variedade de medidas, como restrições de dias e horários de venda e idade mínima para a compra de bebidas alcoólicas. Também inclui a regulamentação dos pontos de venda quanto à sua localização e funcionamento, a proibição de venda a pessoas já embriagadas, e a implantação de sistema de licenças para a venda de bebidas alcoólicas.

O mercado de bebidas vem crescendo a cada dia e está sempre em busca de novos produtos que atinjam um maior número de consumidores. Atualmente, os fabricantes de bebida encontram nos jovens uma grande fonte de lucro. As empresas criam produtos diferenciados, com vasilhames atraentes e líquidos coloridos, com o objetivo de ampliar seu mercado. Através da regulamentação da disponibilidade, as autoridades podem restringir a ampliação do mercado para essa faixa etária, assim como controlar os locais e horários de venda. A experiência internacional mostra que essas medidas trazem resultados significativos, pois, além de serem uma estratégia de baixo custo, têm grande efeito na redução do consumo e dos problemas associados a ele.

Além disso, existem estratégias de políticas públicas que buscam alterar o comportamento do consumidor dentro de um determinado contexto, procurando modificar ou limitar o consumo ou o ambiente de consumo. Entre essas medidas, muito difundidas nos países desenvolvidos, destacam-se a *modificação do contexto de beber* e as *medidas vinculadas ao beber e dirigir.*

As estratégias de *modificação do contexto de beber* têm como foco os ambientes em que o álcool é comercializado e consumido e seu objetivo é a redução dos possíveis danos vinculados ao consumo de bebidas alcoólicas. Na América do Norte, por exemplo, existem leis que proíbem o consumo de bebidas em locais públicos, como parques e praias, na tentativa de reduzir os conflitos e a violência nesses locais.

Estratégias direcionadas ao beber e dirigir – A concentração de álcool no sangue de uma pessoa (CAS) não depende apenas da quantidade de álcool que ela ingeriu e da velocidade de ingestão, mas também de fatores individuais, como peso, gênero, e presença de alimento no estômago, entre outros. Testes em laboratório mostram que o desempenho ao volante é afetado por níveis de álcool muito mais baixos do que o legalmente permitido. Os comprometimentos no desempenho são evidentes para concentrações entre 0,05% e 0,08%, mas podem ocorrer em concentrações menores.

Sabe-se que o risco de uma pessoa com CAS de 0,05% se acidentar é o dobro do risco que ela teria se não tivesse ingerido álcool (CAS=zero). Quando a CAS atinge 0,08%, o risco é multiplicado por três e CAS de 0,15% ou mais apresentam um aumento de risco relativo de dez vezes. As evidências de uma forte correlação entre a CAS e acidentes de veículos levou muitos países a estabelecerem leis que definem os níveis máximos de CAS tolerados para o dirigir veículos. No Brasil, a CAS máxima permitida pelo Código Nacional de Trânsito é 0,06%. Essa medida deveria contribuir para a redução dos acidentes no trânsito em nosso país, mas, na prática, é mais uma das leis não cumpridas pela falta de fiscalização sistemática por uma polícia bem treinada e equipada.

Nos Estados Unidos a diminuição da concentração de álcool permitida para motoristas jovens produziu uma redução significativa do número de acidentes envolvendo motoristas de vinte anos ou menos. Na Austrália, o uso diário do bafômetro por policiais contribuiu para o aumento da percepção de risco entre os motoristas que consumiam bebidas alcoólicas. A experiência de países desenvolvidos como os Estados Unidos, a Suécia e a Austrália, mostra que a estratégia de punição mais eficaz, tanto para o indivíduo como de controle geral, é a perda do direito de dirigir.

O ÁLCOOL E A LEGISLAÇÃO BRASILEIRA

No Brasil, o álcool pode ser vendido e consumido em quase todos os lugares e por praticamente qualquer pessoa. Há poucos regulamentos restritivos[40], e os que existem raramente são obedecidos.

A própria Constituição Federal prevê que a propaganda de bebidas alcoólicas e de tabaco esteja sujeita a restrições e contenha advertências sobre os malefícios decorrentes do seu uso. A propaganda de bebidas alcoólicas, bem como a de cigarros e outros produtos, é regulada pela lei 9.294, de 1996. A lei restringe o horário de propaganda na televisão e no rádio, permitindo propagandas de bebidas alcoólicas entre as 21 horas e as 6 horas. De acordo com a lei, essa propaganda não poderá associar o produto ao esporte, ao desempenho saudável de qualquer atividade, à condução de veículos e a imagens ou idéias de maior êxito ou melhora na sexualidade. A lei também determina que os rótulos das embalagens de bebidas alcoólicas contenham advertência nos seguintes termos: "Evite o Consumo Excessivo de Álcool". O problema é que, de acordo com essa lei, bebidas alcoólicas são somente aquelas com concentração alcoólica maior do que 13 GL, ou seja, a lei não inclui as cervejas e os vinhos.

O Estatuto da Criança e do Adolescente (ECA), de 1990, estabelece restrições para publicações destinadas ao público infanto-juvenil, que não poderão conter ilustrações, fotografias, legendas, crônicas ou anúncios de bebidas alcoólicas, tabaco, armas e munições. Proíbe, ainda, a venda de bebidas alcoólicas a crianças e adolescentes menores de 18 anos.

40. Referências da regulamentação relacionada ao uso de bebidas alcoólicas encontradas na lei 9.294/96, no Estatuto da Criança e do Adolescente, na Portaria 429/GM e na Política Nacional sobre Drogas pode ser encontrada no anexo.

O Código de Trânsito Brasileiro (CTB)[41], de 1997, proíbe todo condutor de veículo de dirigir sob a influência de álcool em nível superior a 0,6 g (seis decigramas) por litro de sangue ou de qualquer substância entorpecente ou que determine dependência física ou psíquica. A infração, neste caso é considerada de natureza gravíssima, impondo ao infrator as penalidades de multa, apreensão do veículo, suspensão do direito de dirigir e, em alguns casos, prisão.

A portaria de número 429/GM, de 22 de março de 2005, criou um Comitê Técnico para agilizar a sistemática de consulta à comunidade científica e à sociedade civil. A idéia era promover a discussão de temas e/ou demandas relevantes e de abrangência nacional associados às estratégias de promoção da saúde, prevenção e tratamento do uso de álcool e outras drogas e de redução de danos. Esse comitê técnico assessorou a Coordenação de Saúde Mental na formulação de políticas públicas para a condução adequada da Política para Atenção Integral aos Usuários de Álcool e Drogas.

UM POUCO DA HISTÓRIA DAS POLÍTICAS PÚBLICAS DE DROGAS NO BRASIL

A regulamentação sobre drogas no Brasil existe desde 1938. Desde o início, sua concepção foi criminalizadora. Na década de oitenta foram criados modelos de políticas repressivas e, ao longo do tempo, ocorreram pequenas mudanças nessa concepção. Mas, até 1998, o Brasil era considerado um país de trânsito e não dispunha de uma política nacional referente a drogas.

Somente em junho de 1998, por ocasião da Assembléia Geral das Nações Unidas, o Brasil aderiu aos Princípios Diretivos da Redução da Demanda de Drogas no Mundo e, a partir daí sentiu a necessidade de uma política nacional sobre drogas. O Governo Federal criou a Secretaria Nacional Antidrogas – SENAD, responsável por coordenar e integrar as ações do governo relativas à redução da demanda por drogas nas áreas de prevenção, tratamento, redução de danos e reinserção social dos usuários de drogas. Na ocasião, seu nome foi muito criticado, uma vez que a denominação "antidrogas" já definia *a priori* uma relação com as políticas repressivas importadas, principalmente dos Estados Unidos. E sua localização, junto ao então Gabinete Militar da Presidência – hoje Gabinete de Segurança Institucional - reforçava ainda mais a idéia de que "droga é uma questão de polícia".

41. As leis que regulamentam o uso de bebidas alcoólicas no Código de Trânsito Brasileiro podem ser encontradas no capítulo Álcool e Trânsito.

Em novembro 1998 realizou-se, em Brasília, o Primeiro Fórum Nacional Antidrogas, que começou a coletar as primeiras contribuições da sociedade para o enfrentamento do problema das drogas. Uma Comissão Técnica integrada por quinze especialistas foi encarregada de elaborar um projeto de Política Nacional Antidrogas, com base nos subsídios colhidos nesse fórum.

Em 2000, foi regulamentado o Sistema Nacional Antidrogas – SISNAD, com o objetivo de organizar e integrar as forças nacionais públicas, privadas e não governamentais para o combate ao uso indevido e ao tráfico de drogas.

Após um verdadeiro mutirão que envolveu órgãos do governo e contou com a participação efetiva da comunidade científica brasileira e da sociedade em geral foi sancionada a Política Nacional Antidrogas (PNAD), a primeira política governamental sobre o tema no Brasil, formalmente homologada por ocasião do Segundo Fórum Nacional Antidrogas, em dezembro de 2001.

Em junho de 2002, a SENAD lançou o Observatório Brasileiro de Informações sobre Drogas – OBID – um banco de dados que centraliza e integra informações sobre drogas. O OBID interliga-se a sistemas de informações de organizações públicas, privadas e não-governamentais nacionais e internacionais, como os centros de excelência brasileiros, o Departamento de Polícia Federal e os observatórios de outros países.

Em junho de 2004 iniciou-se o processo de realinhamento da Política Nacional Antidrogas com o "*Seminário Internacional sobre Políticas Públicas sobre Drogas*", realizado, com a presença de representantes de sete países – Itália, Suécia, Suíça, Portugal, Reino Unido, Holanda e Canadá – que apresentaram suas respectivas políticas. De agosto a outubro do mesmo ano, ocorreram seis Fóruns Regionais e o Fórum Nacional. Nesses fóruns, representantes de diversos setores do governo e da sociedade discutiram a Política Nacional Antidrogas e propuseram alterações para sua nova versão. A descentralização dos debates foi a principal marca dos Fóruns Regionais. O Fórum Nacional possibilitou a reunião de todas as sugestões regionais e a consolidação das propostas, o que viabilizou o realinhamento efetivo da política, que passou a se chamar Política Nacional sobre Drogas (ver Anexo) e foi aprovada pelo CONAD[42] em 27/10/2005.

Em agosto de 2006 foi sancionada a lei 11.343 (ver Anexo) que revoga o decreto anterior (3696 de 2000), e regulamenta o Sistema Nacional de Políticas Públicas sobre Drogas – SISNAD, prescreve medidas para prevenção do uso indevido, atenção e reinserção social de usuários e dependentes. Estabelece ainda normas para repressão à produção não autorizada e ao tráfico de drogas.

---

42. Conselho Nacional Antidrogas.

A CONSTRUÇÃO DE POLÍTICAS PÚBLICAS DO ÁLCOOL

Devido às suas grandes implicações econômicas, na concepção de uma política do álcool, muitas das ações ocorrem nos bastidores, subordinadas a considerações políticas ou interesses velados. Por isso, o processo de formulação de políticas públicas do álcool deve ser o mais transparente possível e corresponder, da melhor forma, às necessidades dos cidadãos que serão afetados por essa política. Para ser efetiva, uma política do álcool deve ser solidamente baseada em informações científicas e ter seus resultados constantemente monitorados.

Em nosso país, é relativamente recente a preocupação com a definição de políticas públicas do álcool. Em 2003, foi lançada "*A Política do Ministério da Saúde para a Atenção Integral a Usuários de Álcool e Outras Drogas*", que foi revista e ampliada em 2004. Também em 2004, realizou-se uma reunião de especialistas, representando várias organizações médicas e universitárias brasileiras, cujos objetivos eram: (1) tornar as evidências científicas mais acessíveis para os que elaboram as políticas públicas; (2) facilitar a avaliação das diversas estratégias disponíveis segundo critérios de efetividade, suporte científico, custo e viabilidade de transposição cultural; e (3) familiarizar o profissional de saúde, em especial os que trabalham em saúde mental com as prioridades da política do álcool. A reunião chegou a um consenso sobre as principais políticas que deveriam ser implementadas pelos diferentes níveis de governo no Brasil – o "*Consenso Brasileiro sobre Políticas Públicas do Álcool*".

Suas principais conclusões foram:

- As políticas públicas para o álcool devem considerar que o álcool está longe de ser um produto qualquer;
- Os impostos e taxas sobre as bebidas constituem um instrumento poderoso de política do álcool, na medida em que podem ser usados tanto para gerar receita como para os reduzir danos causados pelo álcool;
- O controle da disponibilidade do álcool é uma estratégia de baixo custo e de alta efetividade para reduzir o consumo e os problemas relacionados;
- A disponibilidade do álcool pode ser controlada de diversas maneiras: dias e horários de funcionamento e controle da densidade de pontos de venda, leis de zoneamento urbano, idade mínima para a compra de bebidas etc;
- A implantação de um sistema de licenças para a venda de bebidas constitui uma das estratégias mais recomendadas pelos especialistas e am-

plamente aceitas internacionalmente. Sua implantação e fiscalização não são dispendiosas, sua efetividade é alta, e permite obter um controle efetivo sobre a venda de bebidas alcoólicas;

- Para que as estratégias no trânsito sejam efetivas, tornam-se necessários aumentar o grau de certeza de punição e a rapidez com que a punição é aplicada;
- A prevenção na escola, qualquer que seja o programa educacional adotado, constitui uma alternativa cara e pouco efetiva, de impacto pequeno e pouco duradouro. Isoladamente, é fraca demais para se opor às poderosas forças facilitadoras do consumo de álcool que permeiam o ambiente social. Entretanto, o uso de abordagens escolares é recomendado como parte integrante de um conjunto de políticas públicas. Assim, as abordagens educacionais podem contribuir para a sustentação de outras medidas – de âmbito mais amplo, que facilitem as mudanças ambientais necessárias à efetividade das abordagens baseadas na escola.

Em novembro de 2005, os participantes da Primeira Conferência Pan-Americana de Políticas Públicas Sobre Álcool, sediada em Brasília, divulgaram a *Declaração de Brasília de Políticas Públicas sobre Álcool*, recomendando que:

- Prevenir e reduzir os danos relacionados ao consumo de álcool sejam considerados uma prioridade de saúde pública para ações por parte de todos os países da região das Américas;
- Sejam desenvolvidas estratégias regionais e nacionais, incorporando um elenco culturalmente apropriado de políticas baseadas em evidências, a fim de reduzir os danos relacionados consumo do álcool;
- Essas estratégias sejam apoiadas por melhores sistemas de informação e por mais estudos científicos sobre o impacto do álcool e os efeitos das políticas de álcool nos contextos nacionais e culturais dos países das Américas;
- Seja criada uma rede regional de pontos focais nacionais, nomeados pelos Estados Membros das Américas, com a cooperação técnica e o apoio da Organização Pan-Americana da Saúde, para trabalhar para a redução dos danos relacionados ao consumo de álcool;
- Políticas baseadas em evidência sejam implementadas e avaliadas por todos os paises das Américas;
- Áreas prioritárias de ação incluem: o consumo geral da população, o consumo de álcool por menores de idade e adultos jovens, ocasiões em

que se bebe excessivamente, o consumo por mulheres, o consumo por populações indígenas e outras populações vulneráveis. Incluem ainda violência, lesões intencionais e não intencionais e transtornos relacionados ao uso de álcool.

Em nossa opinião, já está mais do que na hora de construirmos em nosso país uma política humanitária, culturalmente aceita e com ênfase no social. Uma política permanente e realista, que resulte de um debate franco e aberto com a sociedade sobre a descriminalização do uso e porte de drogas para consumo próprio. Que supere a dicotomia lícita-ilícita e não desconsidere o fato de que são as drogas lícitas as causadoras do maior impacto sobre a saúde pública. E, como já ocorre em vários países, dê atenção aos usuários de álcool e drogas, reduzindo os danos à sua saúde e à sociedade. Por sua complexidade e suas implicações, o tema demanda uma abordagem intersetorial. A Política do Ministério da Saúde para a atenção integral a usuários de álcool e outras drogas[43], revista em 2004, já é um começo e revela que, embora com atraso, estamos no rumo certo.

A POLÍTICA DE ATENÇÃO INTEGRAL AOS USUÁRIOS DE ÁLCOOL E OUTRAS DROGAS

Nas palavras do próprio ministro, "a*s diretrizes do Ministério da Saúde para uma Política de Atenção Integral ao Usuário de Álcool e outras Drogas reafirmam que o uso de álcool e outras drogas é um grave problema de saúde pública, reconhecendo a necessidade de superar o atraso histórico de assunção dessa responsabilidade pelo SUS*[44]*, e buscando subsidiar a construção coletiva de seu enfrentamento*[45]".

As diretrizes dessa política são:

- Alocar a questão do uso de álcool e outras drogas como **problema de saúde pública**. O tema vinha até então sendo tratado de modo pontual, com esforços de setores e grupos preocupados com o aumento do problema do uso abusivo de álcool de outras drogas. Passa então, a ser assumido, de modo integral e articulado o desafio de prevenir, tratar, reabilitar os usuários de álcool e outras drogas como um problema de saúde pública.

43. Ver recorte no anexo.
44. Sistema Único de Saúde
45. Humberto Costa, então Ministro da Saúde.

- Indicar o **paradigma da redução de danos**, sem considerar a abstinência como o único objetivo a ser alcançado. Essa indicação é outro avanço significativo, pois a abordagem de redução de danos, ao reconhecer cada usuário em sua singularidade, traça com ele estratégias voltadas não para a abstinência como a única meta a ser alcançada, mas para a defesa de sua vida, estimulando sua participação e seu engajamento. Nesse contexto, tratar significa aumentar o grau de liberdade, de co-responsabilidade daquele que está se tratando, bem como o estabelecimento de vínculo com os profissionais, que também passam a ser co-responsáveis pelos caminhos escolhidos.
- Formular políticas que possam **desconstruir o senso comum** de que todo usuário de droga é um doente que precisa de internação, ou um criminoso que merece prisão ou absolvição. A política salienta a importância de uma visão de saúde que a conceba de forma integral, equânime e justa e da mudança no paradigma de "doentes ou criminosos" para cidadãos merecedores de direitos e do exercício pleno de sua cidadania. Em vez de culpabilizar os sujeitos, visa a potencializar a prevenção institucional, oferecendo subsídios para o enfrentamento da vulnerabilidade das pessoas em geral e, especialmente, das populações mais vulneráveis e com maior probabilidade de exclusão, como os usuários de álcool e outras drogas.
- **Mobilizar a sociedade civil**, oferecendo a ela condições de exercer seu controle, participar de práticas preventivas, terapêuticas e reabilitadoras, bem como estabelecer parcerias locais para o fortalecimento das políticas municipais e estaduais.

Sem dúvida, as diretrizes dessa política sinalizam um grande avanço. Esperamos que elas sejam traduzidas, na prática, em ações e estratégias que concretizem esse avanço.

AS POLÍTICAS FUNCIONAM? A EXPERIÊNCIA BRASILEIRA

No Brasil, estamos apenas iniciando, e com grande atraso, a construção de uma política do álcool. Ainda há poucas regulamentações de caráter preventivo direcionadas à venda e ao consumo de bebidas alcoólicas. A fiscalização é precária e a punição raramente é aplicada. Mas, mesmo assim, já podemos mencionar alguns bons exemplos de estratégias preventivas de caráter abrangente bem sucedidas em nosso país.

A cidade de Paulínia conseguiu resultados promissores com o aumento do preço da cerveja dentro do sambódromo municipal durante o carnaval. Apesar de pontual, essa medida reduziu de maneira significativa os índices de violência e de ocorrências médicas nesse período.

Medidas como a proibição da venda de bebidas alcoólicas nos estádios de futebol, adotadas em São Paulo e no Rio de Janeiro, ajudaram a reduzir a violência nesses locais. A proibição da venda de bebidas alcoólicas às margens das rodovias federais e estaduais reduz sensivelmente o número de acidentes nessas rodovias.

Mas a evidência mais clara de que as estratégias de políticas públicas do álcool podem ser bem-sucedidas vem de Diadema, na Grande São Paulo, considerada, até então, uma das cidades mais violentas do estado. Em julho de 2002, os moradores de Diadema começaram a conviver com uma transformação cultural na cidade, promovida pela implantação da Lei de Fechamento de Bares[46], que regulamentou o horário da venda de bebidas alcoólicas nos bares, limitando sua comercialização até às vinte e três horas, todos os dias.

Nos primeiros dois anos de vigência da lei, Diadema conseguiu resultados surpreendentes: a mortalidade baixou de 103 homicídios em cada 100 mil habitantes para menos de trinta, evitando onze assassinatos por mês. A violência doméstica caiu aproximadamente 30%. E o índice de violência contra mulher caiu 40%, o que equivale a uma redução de nove agressões por mês. E Diadema saiu da lista das cidades mais violentas do estado.

Resultados como esses mostram que estratégias de políticas públicas baseadas em evidências científicas podem, sim, alterar a relação álcool – violência em nosso país. Mostram ainda que, ao contrário do que se costuma pensar em relação ao caráter do brasileiro, uma medida restritiva como essa, quando adequadamente implantada e associada a uma fiscalização diária e efetiva, pode não só ser obedecida, como obter a aprovação maciça da população. Dois anos após a vigência da lei, ela foi aprovada por 92% dos habitantes de Diadema.

BIBLIOGRAFIA

BUENO, W. C. *A propaganda de álcool merece uma sacudida.* Disponível no site: www.popagandasembebida.org.br

BRASIL. MINISTÉRIO DA SAÚDE. Secretaria de Atenção à Saúde. SVS/CN-DST/Aids. *A Política do Ministério da Saúde para Atenção Integral a Usuários de Álcool e outras Drogas* – Ministério da Saúde. 2.ed. Brasília: Ministério da Saúde, 2004.

46. LM nº 2.107/02

CARLINI-COTRIM, B, GAZAL-CARVALHO, C e GOUVEIA, N. Comportamentos de saúde entre jovens estudantes das redes pública e privada da área metropolitana do Estado de São Paulo. *Rev. Saúde Pública*, 34 (6), p.636-645, 2000.

CEBRID/SENAD – II Levantamento Domiciliar sobre o Uso de Drogas Psicotrópicas no Brasil, 2005 (no prelo).

DECLARAÇÃO DE BRASÍLIA DE POLÍTICAS PÚBLICAS SOBRE O ÁLCOOL, 2005. disponível no site www.abead.com.br

EDWARDS, G. et al. *A política do álcool e o bem comum*. Tradução Gisele Klein. Porto Alegre: Editora Artes Médicas, 1998.

EQUILÍBRIO DISTANTE: TABACO, ÁLCOOL E ADOLESCÊNCIA NO JORNALISMO BRASILEIRO. Série Mídia e Mobilização Social, vol. 3, Coordenação Veet Vivarta. São Paulo: Cortez, 2003.

LARANJEIRA, R; DUAILIBI, S. M.; PINSKY, I. Alcohol and violence: psychiatry and public health. *Revista Brasileira de Psiquiatria*, 27 (3), p.176-177, 2005.

LARANJEIRA, R.; ROMANO, M. Consenso Brasileiro sobre Políticas Públicas do Álcool. *Revista Brasileira de Psiquiatria*, 26, supl I, p. 68-77, 2004.

MESQUITA, F. Política pública de drogas - A construção de um caminho democrático e humanitário para o Brasil – Disponível no site http://www.reduc.org.br/pages.php?recid=8

NOTO, A.R.; BAPTISTA, M.C.; FARIA, S.T.; NAPPO, S. A.; GALDURÓZ, J. C.; CARLINI, E.A. Drogas e saúde na imprensa brasileira: uma análise de artigos publicados em jornais e revistas. *Cadernos de Saúde Pública*, vol. 19,n° 1, págs. 69 – 79, 2003. Disponível no site: http://www.scielo.br/pdf/csp/v19n1/14906.pdf,

POLÍTICA NACIONAL SOBRE DROGAS. Brasília: Presidência da República, Gabinete de Segurança Institucional, Secretaria Nacional Antidrogas, 2003. Disponível no site: www.senad.gov.br

PINSKY, I. *A propaganda de bebidas alcoólicas no Brasil.* Disponível no site: www.popagandasembebida.org.br

ROMANO M, LARANJEIRA R. Políticas Públicas para o Álcool. In: Figlie NB, Bordin S, Laranjeira R. *Aconselhamento em dependência química.* São Paulo: Roca, 2004; p. 513-27.

ROMANO, M. ,LARANJEIRA, R. Alcohol no ordinary commodity: research and public policy. *Rev. Bras. Psiquiatr.*, Dec. 2004, vol.26, no.4, p.280-281. ISSN 1516-4446.

VOLPE-FILHO, C.A. Considerações pontuais sobre a nova Lei Antidrogas (Lei n° 11.343/2006) - Parte I - 06/09/2006 http://www.direitonet.com.br/artigos

WORLD HEALTH ORGANIZATION. *Global Status Report on Alcohol and Young People.* 2001. www.who.int/en

WORLD HEALTH ORGANIZATION. *Global status report: Alcohol Policy*, 2004. www.who.int/en

WORLD HEALTH ORGANIZATION. *Global status report on alcohol*, 2004. www.who.int/en

Possibilidades e limites da prevenção na escola

HILDA REGINA FERREIRA DALLA DÉA

Estudos internacionais indicam que, qualquer que seja o programa educacional adotado, o impacto da prevenção na escola é pequeno e pouco duradouro. Além disso, em geral são intervenções caras, que tornam seu custo-efetividade desvantajoso, quando comparado ao de outras estratégias de saúde pública. Como apontou o Consenso Brasileiro sobre Políticas Públicas do Álcool, essas intervenções podem resultar em modificações nas crenças e atitudes dos jovens, mas raramente modificam seu comportamento em relação ao álcool.

Realmente, quando desvinculado de uma política abrangente, o trabalho na escola é impotente frente às poderosas forças sociais que favorecem o consumo de álcool. Entretanto, quando parte integrante de um conjunto de políticas, as abordagens educacionais podem contribuir significativamente para a sustentação das outras medidas de saúde pública. Por meio da difusão de conhecimento sobre o álcool e os riscos associados ao seu consumo, da mudança de atitudes com relação ao beber e da modificação dos comportamentos de beber, a educação preventiva pode contribuir para a redução da freqüência e da gravidade dos problemas relacionados com o álcool.

Nesses três anos de trabalho na escola constatamos que cerca de 20% dos alunos de primeiro ano do ensino médio são bebedores de risco. Por si só, este número revela a gravidade do problema. São jovens entre quinze e dezoito anos e o álcool contribui decisivamente para aumentar sua exposição a diversas situações de risco. E a escola pode, sim, contribuir para melhorar sua percepção quanto aos riscos a que se expõem quando consomem bebidas alcoólicas de maneira excessiva.

O álcool faz parte do cotidiano desses jovens e, negar isso, inviabilizaria qualquer possibilidade de diálogo. Nesse sentido, a estratégia de redução de danos é bem aceita pelos adolescentes, justamente pelo fato de não exigir deles a abstinência. A postura de respeito à individualidade do adolescente, reconhecido como sujeito de sua saúde e de sua própria vida, contribui muito para a aceitação do trabalho preventivo.

Em vez de transmitir verdades, a idéia é favorecer o diálogo e estimular a reflexão, para que o jovem possa encontrar diferentes alternativas para a sua maneira de se relacionar com o álcool. Essa estratégia estimula o desenvolvimento da crítica e o prepara para refletir criticamente a respeito das informações do senso comum e das veiculadas pela mídia.

A escola é um espaço privilegiado de convívio com os jovens e o professor, quando devidamente capacitado, pode desempenhar um papel significativo na prevenção. Por intermédio da inclusão da temática do álcool e das drogas nos cursos de formação de professores e da atualização dos educadores e/ou da formação continuada, podemos capacitá-los para exercer esse papel, tão importante na formação dos jovens.

Durante o trabalho na escola pudemos perceber algumas das possibilidades e limitações do trabalho do professor como agente preventivo. Por exemplo, nas atividades em sala de aula, observamos que os alunos ficam mais à vontade e falam mais facilmente sobre suas experiências com álcool e/ou outras drogas na presença de pessoas não pertencentes ao quadro de profissionais da escola – no caso, as psicólogas do projeto.

Mas, por outro lado, descortinam-se possibilidades interessantes para a prevenção na escola. A inclusão da temática das drogas nos temas transversais pode propiciar aos alunos não apenas oportunidades de obter informações, mas, principlamente, de refletir sobre a forma como se relacionam com essas substâncias. Além disso, os professores poderão desenvolver um trabalho preventivo com os pais e/ou familiares, reforçando o vínculo da escola com a comunidade e ampliando os horizontes do trabalho preventivo, uma vez que a maioria dos pais não se sente preparada para lidar com a questão do álcool e das drogas.

Em seu papel de formação de cidadãos concientes de seus direitos e responsabilidades, a escola pode e deve contribuir para a promoção da saúde, modificando a idéia reinante, principalmente entre os jovens, de que é necessário beber – muitas vezes excessivamente – para ser aceito e para se divertir.

Mas, qualquer programa de prevenção ao abuso de álcool só terá resultados consistentes se estiver articulado a uma política pública que dê conta de controlar responsavelmente a publicidade e a comercialização de bebidas alcoólicas. Além disso, para ser realmente efetiva, a prevenção deve se iniciar no ensino fundamental, antes da instalação dos padrões de consumo abusivo. Só assim, começaríamos a desenvolver uma cultura de prevenção no Brasil. Mas,

> "Temos uma das bebidas alcoólicas mais baratas do mundo, temos uma das propagandas mais agressivas já registradas, não temos controle sobre a venda de bebidas para menores de idade e não controlamos o beber e dirigir".
>
> LARANJEIRA, 2005

Esta é a atual realidade brasileira no que diz respeito ao álcool. Nesse contexto, é difícil avaliar o impacto da nossa atuação na escola – uma iniciativa pontual, não articulada a um conjunto de ações de alcance mais amplo. O que podemos afirmar com certeza é que os adolescentes gostam muito desse tipo de trabalho, compreendem as informações apresentadas e relacionam o novo conhecimento diretamente às suas próprias experiências com a bebida. Mas são jovens que vivem em uma sociedade permissiva, na qual os problemas decorrentes do abuso de álcool vêm sendo negligenciados enquanto seu consumo é intensamente estimulado.

Mesmo assim, pudemos observar mudanças consideráveis em vários deles em relação aos comportamentos de risco relacionados às bebidas alcoólicas. Nas palavras de um desses jovens, "*Depois desse trabalho, nunca mais vou conseguir beber do jeito que eu bebia. Valeu!*".

BIBLIOGRAFIA

LARANJEIRA, R. *Álcool, mentiras e violência.* 2005. Disponível no site: http://www.propagandasembebida.org.br/not_home/integra.php?id=56

LARANJEIRA, R.; ROMANO, M. Consenso Brasileiro sobre Políticas Públicas do Álcool. *Revista Brasileira de Psiquiatria*, 26, supl I, p. 68-77, 2004.

Anexo: Recortes da Legislação

CONSTITUIÇÃO FEDERAL

CAPÍTULO V
DA COMUNICAÇÃO SOCIAL

Art. 220.

§ 3º - Compete à lei federal:

I - regular as diversões e espetáculos públicos, cabendo ao Poder Público informar sobre a natureza deles, as faixas etárias a que não se recomendem, locais e horários em que sua apresentação se mostre inadequada;

II - estabelecer os meios legais que garantam à pessoa e à família a possibilidade de se defenderem de programas ou programações de rádio e televisão que contrariem o disposto no art. 221, bem como da propaganda de produtos, práticas e serviços que possam ser nocivos à saúde e ao meio ambiente.

§ 4º - A propaganda comercial de tabaco, bebidas alcoólicas, agrotóxicos, medicamentos e terapias estará sujeita a restrições legais, nos termos do inciso II do parágrafo anterior, e conterá, sempre que necessário, advertência sobre os malefícios decorrentes de seu uso.

LIVRO I
CAPÍTULO II
DA PREVENÇÃO ESPECIAL

Seção I
Da informação, Cultura, Lazer, Esportes, Diversões e Espetáculos.

Art. 79. As revistas e publicações destinadas ao público infanto-juvenil não poderão conter ilustrações, fotografias, legendas, crônicas ou anúncios de bebidas alcoólicas, tabaco, armas e munições, e deverão respeitar os valores éticos e sociais da pessoa e da família.

Seção II
Dos Produtos e Serviços

Art. 81. É proibida a venda à criança ou ao adolescente de:
I - armas, munições e explosivos;
II - bebidas alcoólicas;
III - produtos cujos componentes possam causar dependência física ou psíquica ainda que por utilização indevida;
IV - fogos de estampido e de artifício, exceto aqueles que pelo seu reduzido potencial sejam incapazes de provocar qualquer dano físico em caso de utilização indevida;
V - revistas e publicações a que alude o art. 78;
VI - bilhetes lotéricos e equivalentes.

PORTARIA DE NÚMERO 429/GM, DE 22 DE MARÇO DE 2005.

Institui o Comitê Técnico Assessor para a Política de Álcool e de Outras Drogas do Ministério da Saúde.

O MINISTRO DE ESTADO DA SAÚDE, no uso de suas atribuições, e considerando a necessidade do estabelecimento, no âmbito de atuação do Ministério da Saúde, de mecanismo ágil e eficaz de consulta sistemática à comunidade científica e à sociedade civil, para a condução adequada da Política para Atenção Integral aos Usuários de Álcool e Drogas,

RESOLVE:

Art. 1º. Instituir o Comitê Técnico Assessor para a Política do Álcool e de Outras Drogas do Ministério da Saúde, de caráter consultivo sobre os aspectos técnicos e científicos necessários ao aprimoramento das políticas sobre o álcool e outras drogas da Área Técnica de Saúde Mental, do Departamento de Ações Programáticas Estratégicas, da Secretaria de Atenção à Saúde, visando à inserção de suas diretrizes e prioridades no contexto e na organização do Sistema Único de Saúde – SUS.

Art 2º. O Comitê Técnico Assessor para a Política do Álcool e de Outras Drogas será composto por membros que representam os segmentos do poder público, da comunidade científica e da sociedade, oriundos de instituições públicas e privadas envolvidas com atividades de promoção da saúde, prevenção e tratamento do uso de álcool e outras drogas, bem como aqueles envolvidos com o tema redução de danos.

Parágrafo único. Os membros deverão declarar a inexistência de conflito de interesses com suas atividades no debate dos temas inscritos no Comitê, sendo que, na eventualidade da existência de conflito de interesses, deverão abster-se de participar da sessão e da deliberação sobre o tema.

Art. 3º Compete ao Comitê Técnico Assessor para a Política do Álcool e de Outras Drogas:

I - Promover a discussão de temas e/ou demandas relevantes e de abrangência nacional associados às estratégias de promoção da saúde, prevenção e tratamento do uso de álcool e outras drogas e de redução de danos, com vistas a assessorar a Coordenação de Saúde Mental na formulação de políticas públicas;

II - garantir a interlocução formal entre os membros do Comitê e os diferentes segmentos governamentais e não-governamentais como estratégia para o aprimoramento de marcos conceituais das políticas públicas de promoção da saúde, prevenção e tratamento do uso de álcool e outras drogas e de redução de danos; e

III - estabelecer espaço de discussão conceitual e de definições técnicas, de forma coletiva e consensuada das políticas nacionais relacionadas com o tema, observando as necessidades e as especificidades das diferentes regiões geográficas do País.

Art. 4º. O Comitê Técnico Assessor para a Política do Álcool e de Outras Drogas será coordenado pelo titular da Área Técnica de Saúde Mental, do Departamento de Ações Programáticas Estratégicas, da Secretaria de Atenção à Saúde, do Ministério da Saúde e/ou por seu suplente, que terá as seguintes atribuições:

I - coordenar as reuniões do Comitê;

II - indicar um assessor técnico da área para desenvolver atividades necessárias para o funcionamento do Comitê;

III - encaminhar as atas e os relatórios para a apreciação do Ministro da Saúde; e

IV - submeter à apreciação e aprovação do Ministro da Saúde as recomendações oriundas das reuniões ordinárias e extraordinárias.

Art. 5º. Os membros do Comitê Técnico Assessor para a Política do Álcool e de Outras Drogas serão nomeados por Portaria da Secretaria de Atenção à Saúde/SAS/MS.

Art. 6º. O Comitê Técnico Assessor para a Política do Álcool e de Outras Drogas reunir-se-á três vezes ao ano, ou extraordinariamente, quando convocados pelo seu Coordenador, sendo que suas reuniões serão realizadas com a presença de, no mínimo, cinqüenta por cento de seus membros.

§ 1º. Os membros desse Comitê terão mandato de 2 (dois) anos consecutivos, sendo que 1/3 (um terço) do total dos membros poderão ser reconduzidos a mais um mandato.

§ 2º. Os membros poderão deixar de integrar o Comitê a qualquer tempo, a pedido do membro integrante ou a critério dos demais membros, mediante a formalização da solicitação de desligamento feita ao Coordenador.

§ 3º. O Comitê Técnico Assessor para a Política do Álcool e de Outras Drogas terá seu trabalho normatizado por Regimento Interno.

Art. 7º. As reuniões ordinárias e extraordinárias serão realizadas em Brasília ou em local a ser definido por decisão do Coordenador.

Art. 8º. Esta Portaria entra em vigor na data de sua publicação.

PRESSUPOSTOS DA POLÍTICA NACIONAL SOBRE DROGAS

- Buscar, incessantemente, atingir o ideal de construção de uma sociedade protegida do uso de drogas ilícitas e do uso indevido de drogas lícitas.
- Reconhecer as diferenças entre o usuário, a pessoa em uso indevido, o dependente e o traficante de drogas, tratando-os de forma diferenciada.
- Tratar de forma igualitária, sem discriminação, as pessoas usuárias ou dependentes de drogas lícitas ou ilícitas.
- Buscar a conscientização do usuário e da sociedade em geral de que o uso de drogas ilícitas alimenta as atividades e organizações criminosas que têm, no narcotráfico, sua principal fonte de recursos financeiros.
- Garantir o direito de receber tratamento adequado a toda pessoa com problemas decorrentes do uso indevido de drogas.
- Priorizar a prevenção do uso indevido de drogas, por ser a intervenção mais eficaz e de menor custo para a sociedade.
- Não confundir as estratégias de redução de danos como incentivo ao uso indevido de drogas, pois se trata de uma estratégia de prevenção.
- Intensificar, de forma ampla, a cooperação nacional e internacional, participando de fóruns sobre drogas, bem com o estreitando as relações de colaboração multilateral, respeitando a soberania nacional.
- Reconhecer a corrupção e a lavagem de dinheiro como as principais vulnerabilidades a serem alvo das ações repressivas, visando ao desmantelamento do crime organizado, em particular do relacionado com as drogas.
- Elaborar planejamento que permita a realização de ações coordenadas dos diversos órgãos envolvidos no problema, a fim de impedir a utilização do território nacional para o cultivo, a produção, a armazenagem, o trânsito e o tráfico de drogas ilícitas.
- Garantir, incentivar e articular, por intermédio do Conselho Nacional Antidrogas – CONAD, o desenvolvimento de estratégias de planejamento e avaliação nas políticas de educação, assistência social, saúde e segurança pública, em todos os campos relacionados às drogas.
- Garantir ações para reduzir a oferta de drogas, por intermédio de atuação coordenada e integrada dos órgãos responsáveis pela persecução criminal, em níveis federal e estadual, visando realizar ações repressivas e processos criminais contra os responsáveis pela produção e tráfico de substâncias proscritas, de acordo com o previsto na legislação.

- Fundamentar, no princípio da responsabilidade compartilhada, a coordenação de esforços entre os diversos segmentos do governo e da sociedade, em todos os níveis, buscando efetividade e sinergia no resultado das ações, no sentido de obter redução da oferta e do consumo de drogas, do custo social a elas relacionado e das conseqüências adversas do uso e do tráfico de drogas ilícitas e do uso indevido de drogas lícitas.
- Garantir a implantação, efetivação e melhoria dos programas, ações e atividades de redução da demanda (prevenção, tratamento, recuperação e reinserção social) e redução de danos, levando em consideração os indicadores de qualidade de vida, respeitando potencialidades e princípios éticos.
- Incentivar, orientar e propor o aperfeiçoamento da legislação para garantir a implementação e a fiscalização das ações decorrentes desta política.
- Pesquisar, experimentar e implementar novos programas, projetos e ações, de forma pragmática e sem preconceitos, visando à prevenção, tratamento, reinserção psicossocial, redução da demanda, oferta e danos com fundamento em resultados científicos comprovados.
- Garantir que o Sistema Nacional Antidrogas – SISNAD seja implementado por meio dos Conselhos em todos os níveis de governo e que esses possuam caráter deliberativo, articulador, normativo e consultivo, assegurando a composição paritária entre sociedade civil e governo.
- Reconhecer o uso irracional das drogas lícitas como fator importante na indução de dependência, devendo, por esse motivo, ser objeto de um adequado controle social, especialmente nos aspectos relacionados à propaganda, comercialização e acessibilidade de populações vulneráveis, tais como crianças e adolescentes.
- Garantir dotações orçamentárias permanentes para o Fundo Nacional Antidrogas – FUNAD, a fim de implementar ações propostas pela Política Nacional sobre Drogas, com ênfase para aquelas relacionadas aos capítulos da PNAD: prevenção, tratamento e reinserção social, redução de danos, redução da oferta, estudos e pesquisas.

OBJETIVOS DA POLÍTICA NACIONAL SOBRE DROGAS

- Conscientizar a sociedade brasileira sobre os prejuízos sociais e as implicações negativas representadas pelo uso indevido de drogas e suas conseqüências.

- Educar, informar, capacitar e formar pessoas em todos os segmentos sociais para a ação efetiva e eficaz de redução da demanda, da oferta e de danos, fundamentada em conhecimentos científicos validados e experiências bem-sucedidas, adequadas à nossa realidade.
- Conhecer, sistematizar e divulgar as iniciativas, ações e campanhas de prevenção do uso indevido de drogas em uma rede operativa, com a finalidade de ampliar sua abrangência e eficácia.
- Implantar e implementar rede de assistência integrada, pública e privada, intersetorial, para pessoas com transtornos decorrentes do consumo de substâncias psicoativas, fundamentada em conhecimento validado, de acordo com a normatização funcional mínima, integrando os esforços desenvolvidos no tratamento.
- Avaliar e acompanhar sistematicamente os diferentes tratamentos e iniciativas terapêuticas, fundamentados em diversos modelos, com a finalidade de promover aqueles que obtiverem resultados favoráveis.
- Reduzir as conseqüências sociais e de saúde decorrentes do uso indevido de drogas para a pessoa, a comunidade e a sociedade.
- Difundir o conhecimento sobre os crimes, delitos e infrações relacionados às drogas ilícitas e lícitas, prevenindo-os e coibindo-os por meio da implementação e efetivação de políticas públicas para a melhoria da qualidade de vida do cidadão.
- Combater o tráfico de drogas e os crimes conexos, em todo território nacional, dando ênfase às áreas de fronteiras terrestres, aéreas e marítimas, por meio do desenvolvimento e implementação de programas socioeducativos específicos, multilaterais, que busquem a promoção da saúde e a reparação dos danos causados à sociedade.
- Assegurar, de forma contínua e permanente, o combate à corrupção e à lavagem de dinheiro, como forma de estrangular o fluxo lucrativo desse tipo de atividade ilegal, que diz respeito ao tráfico de drogas.
- Manter e atualizar, de forma contínua, o Observatório Brasileiro de Informações sobre Drogas – OBID, para fundamentar, dentro de outras finalidades, o desenvolvimento de programas e intervenções dirigidas à redução de demanda (prevenção, tratamento e reinserção psicossocial), redução de danos e de oferta de drogas, resguardados o sigilo, a confidencialidade e seguidos os procedimentos éticos de pesquisa e armazenamento de dados.
- Garantir rigor metodológico às atividades de redução da demanda, oferta e danos, por meio da promoção de levantamentos e pesquisas sistemáticas, avaliados por órgão de referência da comunidade científica.

- Garantir a realização de estudos e pesquisas visando à inovação dos métodos e programas de redução da demanda, da oferta e dos danos sociais e à saúde.
- Instituir, em todos os níveis de governo, com rigor metodológico, sistema de planejamento, acompanhamento e avaliação das ações de redução da demanda, da oferta e dos danos sociais e à saúde.
- Assegurar, em todos os níveis de governo, dotação orçamentária e efetivo controle social sobre os gastos e ações preconizadas nesta política, em todas as etapas de sua implementação, contemplando os preceitos estabelecidos pelo CONAD, incentivando a participação de toda a sociedade.

1. PREVENÇÃO

1.1 Orientação geral

1.1.1. A efetiva prevenção é fruto do comprometimento, da cooperação e da parceria entre os diferentes segmentos da sociedade brasileira e dos órgãos governamentais, federal, estadual e municipal, fundamentada na filosofia da "Responsabilidade Compartilhada", com a construção de redes sociais que visem à melhoria das condições de vida e promoção geral da saúde.

1.1.2. A execução desta política, no campo da prevenção deve ser descentralizada nos municípios, com o apoio dos Conselhos Estaduais de políticas públicas sobre drogas e da sociedade civil organizada, adequada às peculiaridades locais e priorizando as comunidades mais vulneráveis, identificadas por um diagnóstico. Para tanto, os municípios devem ser incentivados a instituir, fortalecer e divulgar o seu Conselho Municipal sobre Drogas.

1.1.3. As ações preventivas devem ser pautadas em princípios éticos e pluralidade cultural, orientando-se para a promoção de valores voltados à saúde física e mental, individual e coletiva, ao bem-estar, à integração socioeconômica e a valorização das relações familiares, considerando seus diferentes modelos.

1.1.4. As ações preventivas devem ser planejadas e direcionadas ao desenvolvimento humano, o incentivo à educação para a vida saudável, acesso aos bens culturais, incluindo a prática de esportes, cultura, lazer, a socialização do conhecimento sobre drogas, com embasamento científico, o fomento do protagonismo juvenil, da participação da família, da escola e da sociedade na multiplicação dessas ações.

1.1.5. As mensagens utilizadas em campanhas e programas educacionais e preventivos devem ser claras, atualizadas e fundamentadas cientificamente, considerando as especificidades do público-alvo, as diversidades culturais, a vulnerabilidade, respeitando as diferenças de gênero, raça e etnia.

1.2. Diretrizes

1.2.1. Garantir aos pais e/ou responsáveis, representantes de entidades governamentais e não-governamentais, iniciativa privada, educadores, religiosos, líderes estudantis e comunitários, conselheiros estaduais e municipais e outros atores sociais, capacitação continuada sobre prevenção do uso indevido de drogas lícitas e ilícitas, objetivando engajamento no apoio às atividades preventivas com base na filosofia da responsabilidade compartilhada.

1.2.2. Dirigir as ações de educação preventiva, de forma continuada, com foco no indivíduo e seu contexto sociocultural, buscando desestimular o uso inicial de drogas, incentivar a diminuição do consumo e diminuir os riscos e danos associados ao seu uso indevido.

1.2.3. Promover, estimular e apoiar a capacitação continuada, o trabalho interdisciplinar e multiprofissional, com a participação de todos os atores sociais envolvidos no processo, possibilitando que esses se tornem multiplicadores, com o objetivo de ampliar, articular e fortalecer as redes sociais, visando ao desenvolvimento integrado de programas de promoção geral à saúde e de prevenção.

1.2.4. Manter, atualizar e divulgar um sistema de informações de prevenção sobre o uso indevido de drogas, integrado, amplo e interligado ao OBID, acessível a toda a sociedade, que favoreça a formulação e implementação de ações de prevenção, incluindo mapeamento e divulgação de "boas práticas" existentes no Brasil e em outros países.

1.2.5. Incluir processo de avaliação permanente das ações de prevenção realizadas pelos Governos, Federal, Estaduais, Municipais, observando-se as especificidades regionais.

1.2.6. Fundamentar as campanhas e programas de prevenção em pesquisas e levantamentos sobre o uso de drogas e suas conseqüências, de acordo com a população-alvo, respeitadas as características regionais e as peculiaridades dos diversos segmentos populacionais, especialmente nos aspectos de gênero e cultura.

1.2.7. Propor a inclusão, na educação básica e superior, de conteúdos relativos à prevenção do uso indevido de drogas.

1.2.8. Priorizar ações interdisciplinares e contínuas, de caráter preventivo e educativo na elaboração de programas de saúde para o trabalhador e seus familiares, oportunizando a prevenção do uso indevido de drogas no ambiente de trabalho em todos os turnos, visando à melhoria da qualidade de vida, baseadas no processo da responsabilidade compartilhada, tanto do empregado como do empregador.

1.2.9. Recomendar a criação de mecanismos de incentivo para que empresas e instituições desenvolvam ações de caráter preventivo e educativo sobre drogas.

II – Pressupostos éticos da política

8. Todos os consumidores têm direito a informações sobre os efeitos do uso prejudicial de álcool, sobre a possibilidade de modificação dos padrões de consumo, e a orientações voltadas para o uso responsável, no sentido da responsabilização e autonomia da pessoa.

9. É obrigação do governo e da sociedade proteger os segmentos mais vulneráveis do consumo prejudicial e do desenvolvimento de hábito e dependência, como as crianças e adolescentes.

10. Da mesma forma, é obrigação do governo e da sociedade adotar medidas, discutidas democraticamente, que atenuem e previnam os danos do álcool em situações específicas, como transportes, ambientes de trabalho, eventos de massa, e em contextos de maior vulnerabilidade.

III – Conceito de bebida alcoólica

11. Para os efeitos dessa política, é considerada bebida alcoólica toda bebida que contiver 0.5 grau Gay-Lussac ou mais de concentração, incluindo-se aí bebidas destiladas, fermentadas e outras preparações, como a mistura de refrigerantes e destilados, além de preparações farmacêuticas que contenham teor alcoólico significativo.

IV – Alertas sobre os malefícios do álcool

12. O consumidor deve ser alertado sobre os danos potenciais associados ao consumo de bebidas alcoólicas, bem como sobre os danos diretos à saúde.

13. Recursos educacionais e de comunicação social devem ser utilizados em benefício da melhor informação e conhecimento sobre os danos associados, e ainda sobre os limites do uso que não é prejudicial à saúde.

V – Da política de atenção à saúde para usuários de álcool

14. Deve sem implementada uma política integral, intersetorial e inclusiva de atenção aos usuários e dependentes de bebidas alcoólicas, com ações na rede básica de saúde, e atendimento na rede hospitalar não-psiquiátrica, quando necessário, além de programas de suporte e reintegração social.

VI – Do controle da propaganda

15. A propaganda de bebidas alcoólicas deve ser controlada, de modo a proteger segmentos vulneráveis, como crianças e adolescentes, e proteger o consumidor de associações indevidas entre o efeito decorrente do consumo de bebidas e estereótipos de sucesso e inserção social que não correspondam à realidade destes usuários;

16. A restrição e o controle devem levar em conta o meio de veiculação da propaganda, sendo diferenciadas para os diversos meios, como rádio, TV, imprensa escrita, cartazes, folhetos, mídia eletrônica etc.

17. O patrocínio de eventos esportivos como meio de propaganda também deve ser objeto de restrição e controle, tendo em vista a proteção de crianças e adolescentes, e da sociedade em geral. A associação entre álcool e eventos esportivos deve ser vista como um problema a ser equacionado.

VII – Do controle da venda, distribuição e locais de consumo

18. A venda e consumo devem ser restritos, especialmente em lugares de grande concentração de pessoas, veículos de transporte coletivo, proximidade de estradas, postos de gasolina, escolas, hospitais etc.

19. Devem ser induzidas posturas municipais e outras medidas que restrinjam espacial e temporalmente os pontos de venda e consumo de bebidas alcoólicas.

20. Ações preventivas de restrição da venda e consumo devem ser realizadas em contextos de maior vulnerabilidade a situações de violência e danos sociais. A venda para menores de 18 anos deve ser objeto de fiscalização rigorosa.

VIII – Política fiscal

21. Devem ser discutidas as linhas gerais de uma política fiscal que desestimule o consumo de bebidas alcoólicas.

IX – Das iniciativas de promoção da saúde e prevenção primária

22. A prevenção é essencial para a saúde pública; devem ser estimuladas, em todo o País, práticas educativas, relativas ao uso de álcool e outras drogas, que estimulem a percepção, a reflexão e a articulação das pessoas frente à temática em questão, de forma pragmática e responsável.

23. Todos os ministérios do governo devem estar implicados intersetorialmente nas iniciativas de educação, promoção de saúde e de hábitos saudáveis, reforço da mudança de padrões de consumo, ênfase na responsabilização e autocuidado.

24. As escolas, sejam de natureza pública ou privada, devem ser local privilegiado para iniciativas de prevenção do consumo de bebidas alcoólicas.

DIRETRIZES PARA A POLÍTICA DE ATENÇÃO INTEGRAL AOS USUÁRIOS DE ÁLCOOL E OUTRAS DROGAS

Políticas e práticas dirigidas para pessoas que apresentam problemas decorrentes do uso de álcool e outras drogas, no âmbito de atuação do Ministério da Saúde, devem estar integradas às propostas elaboradas pela Área Técnica de Saúde Mental/Álcool e Drogas do MS, bem como articuladas com as demais áreas do próprio Ministério da Saúde.

As diretrizes para uma política ministerial específica para a atenção a estes indivíduos estão em consonância com os princípios da política de saúde mental vigente – preconizada, articulada e implementada pelo Ministério da Saúde; uma vez regulamentada e respaldada pela Lei Federal 10.216 (MS, 2002), sancionada em 6/4/2001 –, constitui a Política de Saúde Mental oficial para o Ministério da Saúde, bem como para todas as unidades federativas.

Assim sendo, a Lei Federal 10.216 (MS, 2002) também vem a ser o instrumento legal/normativo máximo para A Política de Atenção aos Usuários de Álcool e outras Drogas, a qual também se encontra em sintonia para com as propostas e pressupostos da Organização Mundial da Saúde. A Lei em questão tem diversos desdobramentos positivos possíveis, se aplicada com eficácia (Delgado, 2002).

Desta forma, todas as propostas abaixo descritas têm o objetivo imprescindível de:

1) Alocar a questão do uso de álcool e outras drogas como problema de saúde pública;

2) Indicar o paradigma da redução de danos – estratégia de saúde pública que visa a reduzir os danos causados pelo abuso de drogas lícitas e ilícitas, resgatando o usuário em seu papel autoregulador, sem a preconização imediata da abstinência e incentivando-o à mobilização social – nas ações de prevenção e de tratamento, como um método clínicopolítico de ação territorial inserido na perspectiva da clínica ampliada;

3) Formular políticas que possam desconstruir o senso comum de que todo usuário de droga é um doente que requer internação, prisão ou absolvição;

4) Mobilizar a sociedade civil, oferecendo a esta condições de exercer seu controle,participar de práticas preventivas, terapêuticas e reabilitadoras, bem como estabelecer parcerias locais para o fortalecimento das políticas municipais e estaduais.

Sobre as autoras

HILDA REGINA FERREIRA DALLA DÉA [ORG]
Foi Titular do Departamento de Psicologia do Desenvolvimento da Pontifícia Universidade Católica de São Paulo (PUC – SP). Desenvolve atividades de ensino, pesquisa e extensão. Tem coordenado vários cursos de Extensão e Aprimoramento na área de drogas, cujo objetivo principal é a capacitação de profissionais das áreas de Saúde e Educação para lidar mais adequadamente com o abuso de substâncias e suas conseqüências. Desde 1998, a idéia de desenvolver atividades preventivas ao abuso de bebidas alcoólicas na abordagem de redução de danos vem ocupando um papel central em seu trabalho. Primeiro com universitários e, num segundo momento, com alunos do ensino médio. Este livro, do qual a Dra. Hilda é organizadora, descreve parte dessa trajetória, construída através do trabalho direto com professores e alunos de uma escola pública da cidade de São Paulo. A equipe de psicólogas, suas ex-alunas, vem desenvolvendo sob sua coordenação, estratégias preventivas para a redução dos danos associados ao abuso de bebidas alcoólicas e prevenção do alcoolismo.

CLÁUDIA SILVEIRA TONDOWSKI

Psicóloga clínica, formada pela Pontifícia Universidade Católica de São Paulo (PUC – SP). Especializou-se no atendimento a adolescentes através dos cursos de especialização "Adolescência para equipe multidisciplinar" e "Adolescência e droga", realizados pela Universidade Federal de São Paulo (UNIFESP). É especialista em "Neuropsicologia" pelo Instituto Central do Hospital das Clínicas (FMUSP). Participou do curso de extensão em Psicologia Jurídica intitulado "Especialização em Família, Infância e Juventude", promovido pelo Instituto Paulista de Psicologia, Estudos Sociais e Pesquisa (IPPESP). Atende em consultório particular e desenvolve projeto em escolas.

FERNANDA CARINA LISBOA CAMMAROTA

Psicóloga clínica, formada pela Pontifícia Universidade Católica de São Paulo (PUC/SP). Atuou na elaboração e desenvolvimento do Curso "Aspectos Básicos do Tratamento das Dependências Químicas", promovido pelo setor de ensino do Grupo Interdisciplinar de Estudos de Álcool e Drogas do Instituto de Psiquiatria do Hospital das Clínicas (GREA) em parceria com a Secretaria Nacional Antidrogas (SENAD). Realizou o curso de capacitação intitulado "Formação de multiplicadores de informações preventivas sobre drogas", promovido pela SENAD. Em 2001, recebeu menção honrosa pela pesquisa de Iniciação Científica "Avaliação dos resultados de uma intervenção preventiva para redução dos danos associados ao uso de álcool por estudantes universitários" financiada pelo CNPq e orientada pela Profa. Dra. Hilda Regina Ferreira Dalla Déa. É supervisora de atendimentos clínicos vinculados ao Projeto Inclusão (serviço da Clínica Psicológica Ana Maria Poppovic), que atende pacientes portadores de deficiências mentais. Atende em consultório particular e desenvolve projetos em escolas.

TATIANA BACIC OLIC

Psicóloga clínica, formada pela Pontifícia Universidade Católica de São Paulo (PUC – SP). Atuou na equipe de atendimento individual e grupos no Programa de Orientação e Atendimento a Dependentes (PROAD), vinculado à Universidade Federal de São Paulo (UNIFESP). Trabalhou como consultora nos projetos de prevenção ao uso de drogas e DST/Aids da Prefeitura de São Paulo, intitulados: "Vamos Combinar" e "Eureca". Atende em consultório particular e desenvolve programas em escolas. É psicóloga na "Casa Sofia", onde atende mulheres vitimas de violência doméstica.

VALÉRIA YAHN HENRIKSSON

Psicóloga clínica, formada pela Pontifícia Universidade Católica de São Paulo (PUC – SP). Desenvolve programas de prevenção ao abuso de álcool e drogas em escolas e atende em consultório particular. Também é formada em Publicidade e Propaganda pela Universidade Paulista (UNIP). Aprimorou-se em prevenção ao uso de drogas na abordagem de redução de danos pela Clínica Psicológica Ana Maria Poppovic. Atuou em programas de saúde do adolescente da Secretaria de Estado da Saúde e desenvolveu atendimento em grupo no Ambulatório de Bulimia e Transtornos Alimentares (AMBULIM), no Instituto de Psiquiatria do Hospital das Clínicas de São Paulo.

Você tem sede de quê? foi composto com as tipografias Minion e Univers no estúdio Entrelinha Design e impresso no papel offset 90g, na gráfica Assahy, em maio de 2007.